Epkenhans | Der Deutsch-Französische Krieg 1870/1871

Kriege der Moderne

Herausgegeben vom Zentrum für Militärgeschichte
und Sozialwissenschaften der Bundeswehr

Michael Epkenhans

Der Deutsch-Französische Krieg 1870/1871

Reclam

Zentrum für Militärgeschichte und Sozialwissenschaften der Bundeswehr, Fachbereich Publikationen (0878)

2020 Philipp Reclam jun. Verlag GmbH,
Siemensstraße 32, 71254 Ditzingen
info@reclam.de
Umschlagabbildung: Kürassier-Angriff (Bredow'sche Kavalleriebrigade) bei Vionville – Mars-la-Tour am 16. August 1870. Farblithografie nach Aquarell von Franz Amling, 1890. akg-images / Liszt Collection
Druck und Bindung: Firmengruppe APPL, aprinta druck GmbH,
Senefelderstraße 3–11, 86650 Wemding
Printed in Germany 2025
RECLAM ist eine eingetragene Marke der
Philipp Reclam jun. GmbH & Co. KG, Stuttgart
ISBN 978-3-15-011271-7
reclam.de

FSC www.fsc.org
MIX
Papier | Fördert gute Waldnutzung
FSC® C004592

Alle CO_2-Emissionen, die beim Druckprozess unvermeidbar entstanden sind, haben wir durch ein Klimaschutzprojekt ausgeglichen.

Nähere Informationen finden Sie hier:

natureOffice
natureOffice.com/DE-239-YJRE4KH
Rohstoffe
Anlieferung
Produktion
g CO2e pro
668
Druckprodukt
CO2e-Emissionen ausgeglichen

Inhalt

↗ Der französische Kaiser Napoleon III. (1808–1873) übergibt am 2. September 1870 dem preußischen König Wilhelm I. (1797–1888) seinen Degen. Diese historisch nicht verbürgte Szene bei Sedan wurde zum Symbol der militärischen Niederlage Frankreichs.

1 Ein Kaiser übergibt seinen Degen

Am Abend des 1. September 1870 hissten französische Soldaten auf einem Turm der Festung von Sedan eine weiße Fahne. Sie wollten den Kampf beenden. Alle anderen Versuche, dem mörderischen Feuer der preußischen Artillerie von den umliegenden Höhen durch einen Ausbruch aus dem Kessel zu entkommen, waren gescheitert. Zur gleichen Zeit übergab ein französischer General auf einer Anhöhe oberhalb der Stadt dem preußischen König Wilhelm I. einen Brief von Kaiser Napoleon III.: »Nachdem es mir nicht vergönnt war, in der Mitte meiner Truppen zu sterben, bleibt mir nichts übrig, als meinen Degen in die Hände Eurer Majestät zu legen.«

Wilhelm I. reagierte darauf so höflich wie alle »Heerkönige« in den Jahrhunderten zuvor: »Indem ich die Umstände, unter denen wir uns begegnen, bedauere, nehme ich den Degen Ew. [Eurer] Majestät an, und bitte Sie, einen Offizier zu bevollmächtigen, um über die Kapitulation der Armee zu verhandeln, welche sich so brav unter Ihrem Befehle geschlagen hat.«

Noch am selben Abend trafen sich der preußische Generalstabschef, General Helmuth von Moltke, und der französische General Freiherr Emanuel Félix de Wimpffen. Nach der Verwundung des französischen Oberbefehlshabers Marschall Patrice de Mac-Mahon hatte Wimpffen das Kommando über die in Sedan eingeschlossenen Truppen übernommen. Angesichts des Sieges verlangte Moltke die Abgabe aller Waffen. Anschließend sollten alle Soldaten in Gefangenschaft gehen. Wimpffen lehnte diese Forderungen jedoch ab, da sie die Ehre des französischen Volkes verletzen würden. Mehr als das Versprechen, dass die geschlagenen Soldaten nach Hause gehen und in diesem Kriege nicht mehr gegen Preußen kämpfen würden, wollte er nicht geben.

Dieses Angebot entsprach durchaus den Regeln früherer Kriege. Moltke, der sich zuvor mit Otto von Bismarck, dem preußischen Ministerpräsidenten und Kanzler des Norddeutschen Bundes, beraten hatte, lehnte es jedoch ab. So sehr Moltke und Bismarck bemüht waren, »den nach tapferem Widerstande überwundenen Gegner zu schonen« und »ohne Schädigung der deutschen Interessen dem militärischen Ehrgefühl einer Armee, die sich gut geschlagen hatte«, Rechnung zu tragen, so wenig waren sie im heraufziehenden Zeitalter der Nationalkriege geneigt, irgendwelche Risiken einzugehen. Noch war der Krieg ja nicht zu Ende: In der Festung Metz, in Paris und in anderen Teilen des Landes standen noch Tausende Soldaten, die bereit waren, gegen Preußen zu kämpfen.

Neben nüchternen militärischen Überlegungen spielte aber auch das Misstrauen gegenüber dem Gegner eine große Rolle bei der Ablehnung von Wimpffens Forderung: Bismarck und Moltke waren überzeugt, dass die französische Seite, »welche sogar von Anderen gegen Andre errungene Erfolge zum Gegenstand einer Anklage gemacht hatte, eine selbst erlittene Niederlage nicht verschmerzen [würde], noch weniger eine gegen sie geübte Großmut«.

Die Verhandlungen zwischen Moltke und Wimpffen blieben daher ohne Ergebnis, obwohl preußische Offiziere dem französischen Oberbefehlshaber sogar die eigenen Artilleriestellungen oberhalb der Stadt zeigten, um ihm die Aussichtslosigkeit weiteren Widerstandes vor Augen zu führen.

Aushandlung der Kapitulationsbedingungen in einer Villa in Donchery am Abend des 1. September 1870. Das Gemälde von Anton von Werner aus dem Jahr 1885 zeigt u.a. den siegreichen preußischen General Helmuth Graf von Moltke (1800–1891), stehend rechts neben dem preußischen Ministerpräsidenten Otto von Bismarck (1815–1898), und den französischen General Emmanuel Félix de Wimpffen (1811–1884), der auf der linken Tischseite sitzt.

Auch der für Bismarck überraschende Besuch Napoleons III. am Folgetag und die Gespräche in einer ärmlichen Weberhütte in dem kleinen Ort Donchery am Rande Sedans änderten an der Haltung der Preußen wenig. Bismarck verwies den geschlagenen Kaiser vielmehr an die verantwortlichen Generale. Wimpffen und Moltke nahmen ihre Verhandlungen daraufhin wieder auf. Erst als Moltke mit der erneuten Beschießung der französischen Stellungen drohte, unterzeichnete Wimpffen die Kapitulationsurkunde. Mehr als die Entlassung der Offiziere auf Ehrenwort, nicht mehr gegen Preußen zu kämpfen, hatte er nicht aushandeln können; alle anderen französischen Soldaten sollten in Gefangenschaft gehen. Erst jetzt war Wilhelm I. bereit, den geschlagenen französischen Kaiser zu empfangen. Ob Napoleon III. ihm dabei tatsächlich seinen Degen symbolisch übergab, wie manche zeitgenössischen Bilder glauben machen wollen, ist unklar. Wie dem auch sei: Allein die Tatsache, dass Napoleon III. den Sieger persönlich aufsuchte, um sich ihm zu ergeben, war ein unübersehbares Zeichen dafür, dass er die Niederlage eingestand.

Zur gleichen Zeit trat die französische Armee nach einem festgelegten Plan den Weg in die Gefangenschaft an – insgesamt 104 000 Mann, darunter 4000 bis 5000 Offiziere. Nur 500, darunter der zeitweilige französische Oberbefehlshaber während der Schlacht, General Auguste-Alexandre Ducrot, gaben ihr Ehrenwort, nicht mehr zu kämpfen. Diese Offiziere galten nicht als Kriegsgefangene, sondern durften ihre Waffen und ihr Privateigentum behalten, um sich an einen Ort ihrer Wahl im eigenen Land zu begeben. Nicht alle, darunter auch Ducrot, sollten sich später an ihr Ehrenwort halten.

Der Auszug der Besiegten aus der Festung Sedan und das Strecken der Waffen machten noch einmal deutlich, wie wichtig den Geschlagenen im Zeichen der Niederlage ihre »Ehre« war:

Vor dem Weberhäuschen. Druck um 1900, nach einem Gemälde von Wilhelm Camphausen, 1878. An den preußischen Kapitulationsbedingungen änderte auch ein Besuch Napoleons III. bei Bismarck nichts. Seine Gefangennahme zuvor hatte eine Staatskrise ausgelöst, die zum Sturz der Monarchie führte. Nach Ausrufung der Dritten Republik am 4. September 1870 ging der Krieg weiter.

> Die Gemeinen schleudern dieselben [die Waffen] überall in den Straßen zur Erde, ziehen also unbewaffnet zum Tor hinaus, nur die Offiziere tragen noch ihren Degen. Auf der Brücke ziehen einige dieser Herren plötzlich blank, zerbrechen, die Augen gen Himmel rollend, genau wie im letzten Akte einer tragischen Oper, ihre Waffen und schleudern sie über das Brückengeländer ins Wasser. Und bravo! Bravo! Schallt es von den Wällen am Thor – hier spielen auch die Zuschauer Komödie!,

schrieb der preußische Schlachtenmaler Georg Bleibtreu in sein Tagebuch. Und der französische Kaiser? Während seine Truppen in Gefangenschaft gingen, war er, begleitet von preußischen Reitern, bereits auf dem Weg nach Wilhelmshöhe bei Kassel. Dort sollte er den Friedensschluss abwarten. Seinen eigenen Soldaten hatte er nicht mehr gegenübertreten wollen. Zu groß waren die Schmach der Niederlage und die Angst.

Eigentlich hätte der Krieg, der am 19. Juli 1870 mit der französischen Kriegserklärung an Preußen begonnen hatte, damit bereits nach sechs Wochen zu Ende sein können. Schneller als erwartet stellte sich aber heraus, dass noch nicht alles vorbei war. In Paris stürzten die Massen, angeführt von radikalen Republikanern, die Monarchie. Zugleich riefen sie wie ihre Vorväter 1792 angesichts der Bedrohung des Landes zur *Levée en masse* auf, zur allgemeinen Volksbewaffnung. Aus dem Kabinettskrieg wurde somit innerhalb weniger Tage ein Volkskrieg, der sich noch Monate hinziehen und viele Opfer auf beiden Seiten fordern sollte.

Die Schlacht von Sedan hatte nicht allein für Frankreich erhebliche Folgen. In Deutschland war sie Ausgangspunkt für Verhandlungen unter den verbündeten Königen und Fürsten über die Bildung jenes einheitlichen Nationalstaats, den sich viele Deutsche seit dem Ende der Kriege gegen Napoleon I., den Onkel des geschlagenen Kaisers Napoleon III., ersehnt hatten.

Die Gewichte im Spiel der Mächte hatten sich verschoben. Die Folgen dieser Veränderungen waren für beide Staaten, aber auch für Europa von kaum zu überschätzender Bedeutung. Fortan war Deutschland die größte Nation auf dem Kontinent. Damit untrennbar verknüpft war die Frage: Konnte es gelingen, das Gefühl der Schmach und den verletzten Stolz der Verlierer auf der einen sowie die überschäumende Freude der Sieger nach Jahrhunderten vermeintlicher Demütigung durch den Nachbarn auf der anderen Seite so zu kanalisieren, dass ungeachtet aller Emotionen der Friede in Europa erhalten blieb?

Umso mehr gilt es, das Augenmerk darauf zu richten, warum dieser so folgenreiche Krieg zwischen zwei Großmächten – Preußen und Frankreich – überhaupt ausgebrochen war. Wie war der Krieg verlaufen? Warum waren die verbündeten deutschen Armeen, die erstmals seit vielen Jahrzehnten wieder mit- und nicht gegeneinander in den Krieg gezogen waren, fast überall siegreich aus den Kämpfen hervorgegangen? Und welche Folgen sollte ihr Sieg langfristig haben?

↗ Germania auf der Wacht am Rhein. Historiengemälde von Lorenz Clasen, 1860. Die Personifikation der deutschen Nation, Germania, blickt nach Frankreich. Der außenpolitische Kurs des Zweiten Kaiserreichs rief Misstrauen und Missfallen bei der deutschen Bevölkerung hervor. Der Titel des Bildes verweist auf das damals populäre Lied »Wacht am Rhein«. Rechts sind die Insignien des Heiligen Römischen Reichs zu sehen.

2 Der Weg in den Krieg

Frankreich und Preußen 1859–1870

Die Rivalität um Macht und Einfluss in Europa hatte das Verhältnis zwischen Deutschland und Frankreich von jeher bestimmt. Wechselseitige Ansprüche auf Italien, Burgund, Flandern und vor allem die Rheingrenze hatten immer wieder Kriege in unterschiedlichen Konstellationen und mit wechselnden Ergebnissen zur Folge gehabt. Im kollektiven Gedächtnis der Franzosen war die Einkreisung des Landes durch die Habsburgermonarchie haften geblieben, die im 16. Jahrhundert nicht nur den deutschen, sondern auch den spanischen Thron innehatte. Ebenso hatten viele Deutsche die Raubzüge Ludwigs XIV. (1638–1715), das demütigende Ende des alten Reiches unter dem Druck Napoleons I. 1806 sowie die jahrelange Besetzung und Ausplünderung des Landes durch dessen Truppen nicht vergessen.

Damit nicht genug: Während Frankreich ungeachtet der Niederlagen 1814/15 seinen Platz im Konzert der Mächte bald wieder einnehmen konnte, erstand das Heilige Römische Reich (deutscher Nation) nicht wieder. Der preußisch-österreichische Dualismus, der trotz des gemeinsamen Sieges über Napoleon I. weiter bestand, und der Vorsatz, das europäische Gleichgewicht nicht durch eine zu starke europäische Mitte zu gefährden, führten dazu, dass in den Verhandlungen auf dem Wiener Kongress 1814/15 nur die Gründung eines lockeren Staatenbundes, des Deutschen Bundes, nicht aber die Bildung eines einheitlichen Nationalstaats unter einem Kaiser beschlossen wurde.

Auch wenn Umfang und Bedeutung der frühliberalen Nationalbewegung zu Beginn des 19. Jahrhunderts umstritten sind, sollte das Streben nach einem einheitlichen und freiheitlichen deutschen Nationalstaat nicht mehr nachlassen. Im Gegenteil: Es entbehrt nicht einer gewissen historischen Ironie, dass die von Frankreich ausgehenden Revolutionen 1830 und 1848 diesem Vorhaben neuen Schwung gaben. Diese Revolutionen trieben zwar die Einführung von Verfassungen in den Staaten des Deutschen Bundes – ausgenommen Preußen und Österreich – voran; die Hoffnung, zugleich auch einen einheitlichen Nationalstaat unter schließlich preußischer Führung zu bilden, erfüllte sich nicht. Der Widerwille König Friedrich Wilhelms IV., die ihm 1849 angebotene Krone aus den Händen des Volkes anzunehmen, war zu groß. Der bereits aufgelöste Deutsche Bund erstand neu; auf den kurzen Frühling der revolutionären Monate des Jahres 1848/49 folgte der lange Winter der Repression und der Reaktion.

1859 übernahm Prinz Wilhelm für seinen kranken Bruder König Friedrich Wilhelm IV. die Regierung in Preußen. 1849 hatte der Prinz im Auftrag des Königs die Revolutionsbewegung blutig niedergeschlagen. Nun versprach Wilhelm zum Erstaunen vieler Zeitgenossen Reformen sowie eine Unterstützung jener, die einen nationalen Einheitsstaat anstrebten. Die Folge des Machtwechsels in Preußen war eine allgemeine Aufbruchsstimmung, die bald alle Staaten des Deutschen Bundes einschließlich Österreichs erfasste. Der 1859 ausgebrochene Krieg zwischen Österreich auf der einen, Frankreich und Piemont-Sardinien auf der anderen Seite, der die nationale Einigung Italiens vorantrieb, verstärkte die allgemeine Euphorie der Nationalbewegung, die sich im »Deutschen Nationalverein« zusammengeschlossen hatte.

Die Hoffnungen der Nationalbewegung auf eine Einigung unter preußischer Führung wurden enttäuscht. Infolge der Auseinandersetzungen über die Reorganisation des Heeres brach in Preußen 1862 ein schwerwiegender Verfassungskonflikt aus. Aus Sicht von König Wilhelm I. war die Berufung Bismarcks zum Ministerpräsidenten die letzte Möglichkeit, um eine einschneidende Verschiebung der Gewichte zwischen Krone und Abgeordnetenhaus zu verhindern. Bismarcks Versuche, die Liberalen durch gemeinsames Vorgehen in der nationalen Frage

Schillerfestzug in Hamburg am 13. November 1859. Zeitgenössische Lithografie von Joseph Puschkin. Solche Feiern zu Ehren Friedrich Schillers als Dichter der Freiheit, die in rund 440 deutschen Städten stattfanden, waren Ausdruck der Euphorie der liberalen Nationalbewegung am Ende der Reaktionsära.

für sich zu gewinnen, blieben allerdings vorerst erfolglos. Denn sie waren nicht bereit, zugunsten der Einheit auf die Freiheit zu verzichten. Bismarcks berühmte Rede vom September 1862 schien dann die schlimmsten Befürchtungen der Liberalen über die wahren Ziele des preußischen Ministerpräsidenten zu bestätigen: »Nicht durch Reden oder Majoritätsbeschlüsse werden die großen Fragen der Zeit entschieden, das ist der große Fehler von 1848 und 1849 [des Paulskirchenparlaments] gewesen, sondern durch Eisen und Blut.«

So wie Bismarck im Innern die Stellung des Monarchen zu stärken versuchte, wollte er nach außen die Rolle Preußens in Deutschland – insbesondere gegenüber Österreich – wie auch im Rahmen des europäischen Konzerts der Mächte entscheidend verbessern. Viel klarer als seine Vorgänger oder die meisten Zeitgenossen hatte er erkannt, dass

Schlacht bei Königgrätz am 3. Juli 1866. Farbdruck, 1894, nach einem Aquarell von Carl Röchling. Die lang andauernde Rivalität zwischen den deutschsprachigen Großmächten Österreich und Preußen entlud sich 1866 im sogenannten Bruderkrieg. Nach der österreichischen Niederlage schien eine nationale deutsche Einigung unter preußischer Führung in nicht allzu ferner Zukunft möglich.

die durch den Krimkrieg (1853–1856) veränderten Verhältnisse auf dem Kontinent eine offensivere Machtpolitik Preußens, der kleinsten der fünf Mächte, durchaus zuließen. Die alten Allianzen zwischen den Mächten im Osten und Westen Europas waren seitdem endgültig zerbrochen. Diese Politik, in der Macht vor Recht ging, hatte ihre Risiken; insgesamt gelang es Bismarck aber, die Großmächte bis 1870 aus der »deutschen Frage« herauszuhalten: Russland verhielt sich seit der indirekten preußischen Unterstützung bei der Niederschlagung des polnischen Aufstands 1863 trotz mancher Differenzen wohlwollend; Großbritannien hatte sich von Europa abgewandt und war bereit, einen Machtzuwachs Preußens hinzunehmen, solange dieser das europäische Gleichgewicht nicht grundlegend veränderte.

Obwohl sich die Fronten im Innern seit 1862 verhärteten, kam allmählich Bewegung in die nationale Frage. Verantwortlich dafür war die Krise um Schleswig und Holstein 1863/1864. Der Versuch der dänischen Regierung, durch eine Änderung der Verfassung das überwiegend von Dänen bewohnte Herzogtum Schleswig in den dänischen Gesamtstaat einzugliedern und damit trotz bestehender Verträge zugleich die historische Einheit mit dem von Deutschen bewohnten und zum Deutschen Bund gehörenden Herzogtum Holstein aufzulösen, löste eine Welle der Empörung in Deutschland aus. Als alle Versuche, auf diplomatischem Wege den alten Rechtszustand wiederherzustellen, gescheitert waren, erklärten Preußen und Österreich Dänemark im Frühjahr 1864 den Krieg. Nach mehreren Niederlagen musste Dänemark, das von seinen bisherigen Schutzmächten Großbritannien und Russland nicht unterstützt wurde, beide Herzogtümer im Frieden von Wien abtreten.

Die Frage nach der Zukunft der von Preußen und Österreich gemeinsam verwalteten Herzogtümer beschleunigte letztlich die Lösung der »deutschen Frage«. Nachdem sich beide Mächte nicht hatten einigen können, kam es im Sommer 1866 zum Krieg Preußens und der Kleinstaaten Norddeutschlands einerseits gegen Österreich und die wichtigsten Staaten innerhalb des Deutschen Bundes (Bayern, Württemberg, Sachsen, Hannover, Baden, Hessen-Darmstadt und Kurhessen) andererseits. Kriegsentscheidend war der Sieg Preußens über Österreich bei Königgrätz am 3. Juli 1866.

Infolge der Niederlage schied Österreich aus dem Deutschen Bund aus, der sich zugleich auflöste. Preußen annektierte die bisher selbst-

Politische Übersicht von Europa 1867

Quelle: Westermann, Europa von 1815 bis 1871, Geschichtswandkarte.

Preußen
Preußen, Gebietsgewinne seit 1864
Deutsche Kleinstaaten
Grenze des Norddeutschen Bundes
Italien
Italien, Gebietsgewinne seit 1859
Staatsgrenzen
Regionalgrenzen
0 100 200 300 400 500 km
KGR. SCHWEDEN
Ösel
Livland
Riga
Gotland
Kalmar
Kurland
Dünaburg
OPENHAGEN
OSTSEE
Memel
Kowno
Wilna
Malmö
Bornholm
Königsberg
Tilsit
Minsk
Danzig
Stettin
Bialystok
Thorn
Pinsk
BERLIN
Posen
Warschau
KGR. PREUSSEN
Polen
Glogau
Kiew
Wolhynien
DRESDEN
KGR. SACHSEN
KAISERREICH RUSSLAND
Brody
Lemberg
Prag
Krakau
Tarnopol
Ukraine
Böhmen
Galizien
Podolien
Olmütz
ÖSTERREICH-UNGARN
Cherson
MÜNCHEN
WIEN
Pressburg
Jassy
Odessa
Salzburg
BUDAPEST
Debrecen
Vereinig. von Moldau u. Walachei 1859/1861
Krim
KGR. ÖSTERREICH
Siebenbürgen
KGR. UNGARN
Moldau
1829 – 1856 russ.
1856 – 1878 osman.
Klagenfurt
Agram
Temesvár
Triest
Rumänien
tributpflicht. Fsm.
Slawonien
Bukarest
SCHWARZES MEER
Belgrad
Republik San Marino
Serbien
tributpflicht. Fsm.
Warna
Bosnien
Nisch
Bulgarien
Sofia
1860
MONTENEGRO
ADRIA
OSMANISCHES REICH
Cattaro
KONSTANTIOPEL
ROM
PATRIMONIUM PETRI
Makedonien
Albanien
Brussa
Pontecorvo
Saloniki
Benevent
Neapel
1860
Tarent
Otranto
Korfu
Lesbos
Anatolien
Chios
Ionische Inseln ab 1864 griechisch
ATHEN
Fsm. Samos
KGR. GRIECHENLAND
Adalia
Palermo
Messina
1860
Sizilien
Rhodos
Malta brit.
Kreta
© ZMSBw 08187-04

ständigen Staaten Hannover, Kurhessen, Hessen-Nassau und die Freie Stadt Frankfurt. Auch die Herzogtümer Schleswig, Holstein und Lauenburg wurden nun ein Teil Preußens. Alle deutschen Staaten nördlich des Mains vereinigte Preußen darüber hinaus im Norddeutschen Bund. Die süddeutschen Staaten, die an der Seite Österreichs gekämpft hatten, band Preußen durch geheime Schutz- und Trutzverträge an sich. Über den Zollverein und das Zollparlament rückten sie zugleich näher an den Norddeutschen Bund heran. Ein Überschreiten der Mainlinie hielt Bismarck zu diesem Zeitpunkt aus innenpolitischen Gründen wie auch aus Rücksicht auf Frankreich, das die machtpolitischen Verschiebungen in der Mitte Europas misstrauisch beobachtete, für zu riskant.

Wie lange es dauern würde, die endgültige Einheit herzustellen, war auch nach 1866 unklar. Diese Einheit schien nur möglich, wenn es gelang, den absehbaren französischen Widerstand gegen einen erneuten Machtzuwachs Preußens zu beseitigen und zugleich die süddeutschen Staaten, in denen es starke partikularistische Strömungen gab, für Preußen zu gewinnen.

Frankreich unter Napoleon III.: Hegemonie statt Gleichgewicht

Gegen eine nationale Einigung Deutschlands arbeitete vor allem Napoleon III. Nach zwei gescheiterten Putschversuchen – 1836 und 1840 – hatte am Ende blutiger revolutionärer Kämpfe der Neffe Napoleons I. im Dezember 1848 die Regierung in Frankreich übernommen. Wie sein Onkel hatte er sich nach einem erfolgreichen Putsch und einem anschließenden erfolgreichen Plebiszit 1852 zum Kaiser krönen lassen.

Hauptstützen seines Regimes waren Armee, Bürokratie und katholische Kirche. Aber auch die konservative Bevölkerung auf dem Lande und die städtische Bourgeoisie unterstützten seine Politik – sei es, weil sie die Auswirkungen des Übergangs in die Moderne auf die ländliche Gesellschaft fürchteten; sei es, weil sie Angst vor der revolutionären Arbeiterschaft in den Städten und deren Forderungen nach sozialer Gleichheit hatten. Napoleon griff diese Sorgen und Ängste mit seiner populistischen Politik auf, die Wohlstand für alle, allgemeinen Fortschritt und Prestige durch außenpolitische Erfolge versprach. Manipulierte Plebiszite und Wahlen verliehen dieser Politik, die Demokratie und Absolutismus miteinander zu verbinden versuchte, über viele Jahre einen Schein der Legitimität und Akzeptanz. Eine geschickte Handels- und Wirtschaftspolitik sorgte zugleich für relativen Wohlstand, obwohl ein unverkennbares Gefälle zwischen Reich und Arm bestehen blieb. Große öffentliche Feiern, Prachtbauten und -straßen verliehen den urbanen Zentren zusätzlichen Glanz. Höhepunkt dieser Inszenierung von Macht war die Pariser Weltausstellung 1867. Alle Monarchen, Industriellen und Künstler Europas eilten nach Paris, um der Stadt und der Welt der Moderne ihre Reverenz zu erweisen. Napoleon sonnte sich in diesem Glanz. Bei näherem Hinsehen erwies sich jedoch, dass das von ihm geschaffene bonapartistische System zu bröckeln begonnen hatte. Wachsende Proteste gegen seine autoritäre Herrschaft zwangen Napoleon III., einen liberaleren Kurs einzuschlagen und dem Parlament mehr Einfluss zuzugestehen. In der Krise des Jahres 1870 sollte der Einfluss des Parlaments wie auch der der Straße eine unheilvolle Rolle spielen.

Ein wichtiges Element der Strategie Napoleons III. war die Außenpolitik. Auch damit knüpfte er an die Politik seines Onkels an, der durch große Siege in Zeiten der Krise immer wieder seine Herrschaft hatte stabilisieren können. Skrupellos nutzte Napoleon III. die Chancen, die sich ihm boten. Eine war die ungeregelte Frage bezüglich der »Schutzherrschaft« über die heiligen Stätten der Christen in Palästina, das damals zum Osmanischen Reich gehörte. Gemeinsam mit Großbritannien und dem kleinen Königreich Piemont-Sardinien griff Napoleon III. in diesen Konflikt zwischen dem Russischen Kaiserreich und dem Osmanischen Reich ein. Aufseiten des Sultans drängten die drei Mächte im Krimkrieg Russland im Schwarzmeerraum zurück. Dieser Sieg, trotz großer eigener Verluste, und der glanzvolle Friede von Paris 1856 stärkten Napoleons Prestige wie auch die internationale Stellung Frankreichs. 1859 unterstützte Napoleon III. die italienische Einigungsbewegung im Krieg gegen Österreich. Auch diese Intervention ›zahlte sich aus‹, erhielt Frankreich dafür als Gegenleistung doch Savoyen und das Gebiet um Nizza vom Königreich Piemont-Sardinien.

Doch es gab nicht nur Erfolge, die seine Herrschaft stützten – Napoleon musste auch Misserfolge in Kauf nehmen. Das Scheitern seines Versuchs, anlässlich des mexikanischen Bürgerkrieges in den 1860er Jahren dort neue Einflusszonen zu errichten, ist dafür ebenso ein Bei-

Die *Galerie du Travail* (›Galerie der Arbeit‹), Ensemble der französischen Abteilung bei der Weltausstellung von 1867 in Paris. Mit der *Exposition universelle* demonstrierte das Zweite Kaiserreich nach außen Stärke. Dennoch ließ sich trotz liberaler Reformen die wachsende soziale und politische Unzufriedenheit nicht überdecken.

spiel wie das Scheitern seiner »Deutschlandpolitik«. 1864, vor allem aber 1866 konnte Napoleon III. seine Ziele nicht durchsetzen. Preußen erweiterte seine Machtstellung in der Mitte Europas, ohne Napoleon ein »Trinkgeld« – so die zeitgenössische Formulierung – zu zahlen. Frankreich hatte sich nämlich die Zustimmung Bismarcks zu seinen Plänen erhofft, sich Luxemburg einzuverleiben, nach Belgien auszudehnen oder gar sich in den Rheinlanden schadlos zu halten.

Bismarck erwies sich diesbezüglich als der bessere »Spieler«: Indem er Frankreichs Pläne an die Öffentlichkeit durchsickern ließ, trickste er den französischen Kaiser diplomatisch aus. Der Aufschrei gegen diese erneuten Expansionswünsche Frankreichs in Europa war groß. Vor allem Großbritannien machte deutlich, dass es eine Erweiterung Frankreichs nach Belgien hinein aus strategischen Gründen nicht akzeptieren würde. Angesichts dieser Misserfolge hielten Napoleon III. und große

Bismarck und Napoleon III. malen einander als Feindbild. Aus: *Kladderadatsch*, 20. Juni 1869. Nicht nur der Norddeutsche Bund, sondern auch die süddeutschen Staaten beäugten die französische Außenpolitik misstrauisch. Umgekehrt wollte Napoleon III. einen einheitlichen deutschen Nationalstaat aus machtpolitischen Gründen nur dulden, wenn Frankreich angemessen entschädigt würde.

Teile der Öffentlichkeit in Frankreich einen Krieg gegen Preußen aus Gründen der nationalen Ehre für unausweichlich. »Rache für Sadowa« (gemeint ist die Schlacht von Königgrätz) war seit dem Sieg Preußens über Österreich dabei das Schlagwort, hatten dieses Ereignis und der anschließende Frieden doch die Stellung Frankreichs geschwächt. Im Juni 1869 schrieb Napoleon III. an seinen Kriegsminister:

> Frankreich fühlt sich seit den Erfolgen Preußens beeinträchtigt; es möchte eine Gelegenheit finden, seinen Einfluss unter den besten Bedingungen wiederherzustellen, die möglich sind, ohne alle Leidenschaften Deutschlands aufzuregen, indem es eine Fahne hisst, die eine feindliche Einstellung gegen die deutsche Nationalität verrät. Die Geschicklichkeit der französischen Regierung müsste also darin bestehen, eine Gelegenheit zu ergreifen, wo die begonnene Auseinandersetzung nicht sichtbar gegen Deutschland gerichtet wäre.

Mit dieser Haltung, die den Krieg als legitimes Mittel zur Erreichung nationaler Ziele ausdrücklich bestätigte, unterschied sich Napoleon III. keineswegs von Bismarck. Wenige Monate zuvor hatte der preußische Ministerpräsident an seinen Gesandten in München geschrieben:

> Dass die deutsche Einheit durch gewaltsame Ereignisse gefördert werden würde, halte auch ich für wahrscheinlich. Aber eine ganz andere Frage ist der Beruf, eine gewaltsame Katastrophe herbeizuführen, und die Verantwortlichkeit für die Wahl des Zeitpunkts. Ein willkürliches, nur nach subjektiven Gründen bestimmtes Eingreifen in die Entwicklung der Geschichte hat immer nur das Abschlagen unreifer Früchte zur Folge gehabt; und dass die deutsche Einheit in diesem Augenblick keine reife Frucht ist, fällt meines Erachtens in die Augen.

Ein Jahr später schien diese »Frucht« für beide Nationen, wenngleich aus unterschiedlichen Motiven, endlich »reif« zu sein. Was war der Anlass für diese Annahme?

Ein Hohenzollernprinz auf dem spanischen Thron?

Der Auslöser für einen Krieg zwischen Preußen und Frankreich war das Angebot der spanischen Königskrone an Prinz Leopold. Letzterer, der der katholischen Linie des Hauses Hohenzollern entstammte, hätte nach einer Wahl durch das Parlament die Nachfolge von Königin Isabella II. antreten können, die das Militär 1868 wegen ihrer autokratischen Herrschaft gestürzt hatte. Aus politischen und strategischen Gründen kam ein preußischer Prinz auf dem spanischen Thron für Frankreich jedoch nicht in Frage. Ein Konflikt war unausweichlich. Ob daraus aber ein Krieg entstehen würde, blieb abzuwarten.

Bismarck scheute den Konflikt keineswegs. Ihm war jedes Mittel recht, um Frankreich politisch und militärisch zu schwächen. Daher befürwortete er gegenüber dem zögernden preußischen König die Kandidatur von Prinz Leopold. Der Versuch, die Kandidatur bis zur endgültigen Wahl durch das spanische Parlament geheim zu halten, misslang allerdings. Als die Personalie bekannt wurde, protestierte die französische Regierung aufs Schärfste. Unterstützt wurde sie von großen Teilen der Öffentlichkeit und den Abgeordneten in der Nationalversammlung, die die Ehre und Stellung Frankreichs bedroht sahen. Außenminister Antoine Herzog von Gramont gab in einer äußerst emotionalen Rede in der Nationalversammlung am 6. Juli den Ton vor:

> Wir glauben nicht, dass die Achtung vor den Rechten eines Nachbarvolks uns zu dulden verpflichtet, dass eine fremde Macht, indem sie einen ihrer Prinzen auf den Thron Karls V. setzt, dadurch zu ihrem Vorteil das gegenwärtige Gleichgewicht der Mächte Europas derangieren und so sie Interessen und die Ehre Frankreichs gefährden darf.

Damit änderte sich die Lage vollständig. Bismarck versuchte zwar weiterhin, die spanische Frage als interne Angelegenheit des Hauses Hohenzollern auszugeben, glaubwürdig war das aber nicht. So wie Bismarck mit seiner Unterstützung des Prinzen versucht hatte, Frankreich diplomatisch zu schwächen, setzte die französische Regierung nun ihrerseits alles daran, Preußen zu demütigen, indem sie einen Verzicht der Hohenzollern auf den spanischen Thron verlangte. Anfangs schien diese Strategie tatsächlich aufzugehen: Angesichts der zunehmend kriege-

Folgenschweres Treffen zwischen Wilhelm I. und dem französischen Botschafter Vincent Benedetti in Bad Ems am 13. Juli 1870. Frankreich forderte die Rücknahme der Kandidatur Prinz Leopolds von Hohenzollern für den spanischen Thron. Bismarck ließ den Inhalt der Unterredung stark gekürzt in der sogenannten »Emser Depesche« veröffentlichen.

rischen Stimmung in Frankreich verzichtete der Vater des Prinzen bereits am 12. Juli auf die Kandidatur.

Frankreich hatte damit eigentlich alles erreicht, doch die französische Regierung war mit dieser Zusage zum Verzicht nicht zufrieden. Sie wollte Preußen auch öffentlich demütigen. Im Namen seiner Regierung drängte der französische Botschafter in Berlin, Vincent Graf Benedetti, daher den preußischen König am Folgetag während eines Spaziergangs auf der Kurpromenade von Bad Ems, öffentlich einen Rückzieher zu machen. Wilhelm sollte verkünden, dass, so hieß es in dem bald als »Emser Depesche« weltbekannt gewordenen Telegramm, »ich für alle Zukunft mich verpflichtete niemals wieder meine Zustimmung zu geben, wenn die Hohenzollern auf ihre Kandidatur zurückkämen.« Mit dieser Forderung hatte die französische Regierung den Bogen allerdings überspannt. Wilhelm I. wollte keinen Krieg mit Frankreich, aber er wollte auch nicht »als reuiger Sünder vor der Welt« erscheinen.

Am 15. Juli 1870 erreichte die Nachricht von der französischen Mobilmachung Berlin. Von links Kronprinz Friedrich, Wilhelm I., Bismarck, Moltke und Kriegsminister Albrecht von Roon. Gemälde von Carl Röchling, 1870.

Mittels einer Depesche erfuhr Bismarck von der Unterredung. Er kürzte diese Nachricht in einer Pressemitteilung so, dass das Auftreten Benedettis gegenüber dem König vor den Augen der Welt als ungebührlich, die französischen Forderungen als anmaßend erschienen. Allgemein gilt die »Emser Depesche« bis heute als der Funke, der das Pulverfass zur Explosion brachte; allerdings zu Unrecht, denn als die Pressemitteilung in Paris bekannt wurde, waren die Weichen in Richtung Krieg dort bereits gestellt. Das französische Kabinett hatte angesichts der Nachricht Benedettis über seinen Misserfolg bereits in Anwesenheit des Kaisers getagt und auf Drängen des Kriegsministers die Mobilmachung beschlossen. Anders glaubten sie dem Druck der Rechten im Parlament und auf der Straße nicht standhalten zu können. Die »Emser Depesche« beschleunigte diesen Prozess, als sie am Abend des Tages bekannt wurde, indem sie die öffentliche Meinung weiter anheizte. Ein Zurück konnte es nun aus Pariser Sicht nicht mehr geben. »Zurückweichen, mit sich reden lassen, wir konnten es nicht; das ganze Land wäre wider uns aufgestanden [...] Wir konnten das Kaiserreich keinem zweiten Sadowa aussetzen, es hätte das nicht mehr ausgehalten«, bekannte Kaiserin Eugénie in der Rückschau. Am 19. Juli 1870 übergab der französische Gesandte in Berlin die französische Kriegserklärung.

Bis heute streiten Historiker darüber, wer für diesen Krieg verantwortlich war. Zwar ist unstrittig, dass Bismarck bereit war, den Streit über die Thronkandidatur eskalieren zu lassen, um das Prestige Preußens zu stärken und Frankreich zu schwächen. Gleichwohl war es die Regierung in Paris, die durch überzogene Forderungen aus der Krise einen Krieg machte. Bismarcks Bereitschaft, einem Konflikt mit Frankreich entgegenzusteuern, war groß; doch ebenso groß war die Verantwortung Napoleons III. und seiner Regierung, die mehr forderte, als politisch klug war.

Der Deutsch-Französische Krieg und Europa

Ähnlich wie 1866 schauten die anderen Mächte Europas auch dieses Mal nur zu. Die Hoffnung Napoleons III., dass die Verlierer von 1864 und 1866, Dänemark und Österreich, ihn unterstützen würden, erfüllte sich nicht. Auch Italien hielt sich zurück, obwohl Napoleon III. glaubte, dass dieses Land durch die von ihm beförderte Einigung Italiens in seiner Schuld stehe. Alle vorherigen Absprachen über militärische Unterstützung im Falle eines Krieges waren aber letztlich unverbindlich geblieben.

Russland wiederum stellte sich hinter Preußen. Mit der Stationierung von 300 000 Soldaten in Galizien signalisierte Zar Alexander II. sein Gewicht in Europa, das Österreich zur Zurückhaltung veranlassen sollte. Dänemark wiederum, an dessen Küste französische Marinesoldaten hätten landen sollen, um der preußischen Armee in den Rücken zu fallen, entschied auf russischen, aber auch englischen Druck hin, Frankreich ebenfalls keine Hoffnungen auf seine Teilnahme an einem Krieg gegen Preußen zu machen. So sehr die Niederlage von 1864 und der damit verbundene Verlust der Herzogtümer schmerzten: Die Risiken einer Beteiligung am Krieg schienen Dänemark in jeder Hinsicht zu groß.

Großbritannien erklärte ebenfalls seine Neutralität. Das Gefühl, das Frankreich grob fahrlässig Preußen provoziert hatte, überwog.

Verkündung der Kriegserklärung in Paris. Zeitgenössischer Holzstich.

> Über das Eine kann gegenwärtig kein Zweifel herrschen, dass aller Welt Sympathien sich jetzt dem angegriffenen Preußen zuwenden. Napoleon hat sich zu einer unpolitischen und verbrecherischen Tat hinreißen lassen, die Gedanken des ersten Kaiserreichs scheinen der Fluch des zweiten werden zu wollen,

hieß es in der Londoner *Times* vom 16. Juli 1870. Prophetisch fügte sie hinzu: »Wehe dem Kaiser, wenn seine Soldaten eine Schlappe oder gar eine Niederlage erleiden sollten.«

↗ Abreise König Wilhelms I. zur Armee am 31. Juli 1870. Gemälde von Adolph Menzel, 1871. Im Zentrum des Bildes steht das Berliner Bürgertum, das auf der Prachtstraße Unter den Linden dem König und der weinenden Königin zujubelt. Zwischen den schemenhaft zu erkennenden Flaggen des Deutschen Bundes und Preußens weht auch eine Fahne des Roten Kreuzes, womit Menzel auf die Opfer des Krieges verweist.

3 Kriegsbeginn

Armeen

»Es leuchtet ein, wie wichtig es ist, die Überlegenheit auszunutzen, welche wir gleich anfangs [...] besitzen«, lautete eine Stellungnahme Moltkes. Als die Mobilmachung am 15. Juli 1870 befohlen wurde, besaß die preußische Armee einschließlich der Kontingente des Norddeutschen Bundes in der Tat diese Überlegenheit. Rechnet man die Truppen der süddeutschen Staaten noch hinzu, die aufgrund der Schutz- und Trutzverträge von 1866 ebenfalls mit in den Krieg ziehen würden, dann betrug die Stärke der Feldarmee 462 300 Mann Infanterie und 56 800 Mann Kavallerie: hinzu kamen 1584 Geschütze. Dazuzurechnen waren die Besatzungs- und Ersatztruppen mit 363 890 Mann Infanterie, Kavallerie und Festungsartillerie. Sie alle waren zum Teil Berufssoldaten, vor allem aber gut gedrillte Wehrpflichtige und Landwehrmänner. Theodor Fontane schrieb bereits 1873 voller Stolz:

> Es ist nahezu überflüssig, über den moralischen Wert zu sprechen, welche die preußische Armee durch die Vertretung aller Stände und Klassen der Bevölkerung in ihren Reihen erhält und durch das Bewusstsein, dass stehendes Heer und Landwehr das ganze Volk in Waffen bilden.

Allgemeine Bildung und Pflicht waren in seinen Augen zwei wichtige Eckpfeiler, die dieses Volk in Waffen stützten.

Die Armee war in dem Jahrzehnt zuvor erheblich modernisiert worden: Die aktive Truppe, die sogenannte Linie, wurde zu Lasten der Landwehr gestärkt. Die Truppen hatten etwa – ungeachtet der Streitereien darüber im Parlament – neue Gewehre und Geschütze erhalten, und für den Aufmarsch konnte nunmehr moderne Technik verwendet werden. Die Infanterie freilich war in taktischer Hinsicht über den Status quo der Befreiungskriege kaum hinausgekommen. Zwar erfolgte der Angriff inzwischen in Kompaniestärke (Kompaniekolonne) statt mit einem ganzen Bataillon; in Zeiten moderner Waffen war jedoch auch dies ein Anachronismus, für den die preußischen Truppen in den Gefechten des bevorstehenden Krieges teuer bezahlen sollten.

Vor allem verfügte diese Armee über einen Generalstab, der hinsichtlich Organisation, Ausbildung und Stellung seiner Offiziere dem der französischen Armee überlegen war. In Frankreich galten die Generalstabsoffiziere lediglich als bessere Adjutanten. Ganz anders in Preußen: Dort plante der Generalstab die Feldzüge und übernahm seit 1866 auch deren Führung. Entsprechend gut war die Ausbildung der Generalstabsoffiziere bei den jeweiligen Einheiten, denen sie zugeordnet waren. Diese Zuordnung stellte sicher, dass der Generalstabschef jederzeit auf dem Laufenden blieb und die jeweiligen Kommandeure dessen Pläne ausführten, ungeachtet der Meinungsverschiedenheiten, zu denen es vor Ort immer wieder kommen sollte.

Die Armee Napoleons III. mit nur 336 000 Mann war den aufmarschierenden preußischen und süddeutschen Truppen zahlenmäßig unterlegen. Daran änderten auch die rein rechnerisch ebenfalls zur Verfügung stehenden Einheiten der Gendarmerie, der rückwärtigen Depots oder die in Algerien stationierten Truppen in Höhe von ca. 230 500 Soldaten sowie die in Aufstellung befindlichen, aber weitgehend unausgebildeten Mobilgarden in Höhe von 150 000 bis 180 000 Mann nichts. Dieses Ungleichgewicht verschärfte sich erst recht bei einem längeren Krieg, in dem auf deutscher Seite allein aufgrund der höheren Zahl an Einwohnern erheblich mehr Reserven mobilisiert werden konnten als in Frankreich.

Im Gegensatz zu den deutschen Truppen bestand die französische Armee im Wesentlichen aus Berufssoldaten. Eine allgemeine Wehrpflicht gab es nicht. Dazu war das Misstrauen gegenüber der »Nation in Waffen« seit der Restauration der Bourbonen 1815 viel zu groß. Hinzu kam aber auch, dass Napoleon III. versprochen hatte, ein Kaiser des Friedens, nicht der Kriege zu sein. Eine zu große Armee hätte daher seinen eigenen Anspruch in der Öffentlichkeit unglaubwürdig erscheinen lassen. Da Frankreich sich eine große Berufsarmee angesichts des geringen Überschusses an Männern, aber auch mangels Finanzmitteln nicht

Der Große Generalstab der preußischen Armee 1870/71. In der Mitte mit verschränkten Armen stehend General Helmuth Graf von Moltke. Das Foto entstand 1871.

Französische Offiziere und Zuave. Fotografie von Roger Fenton aus dem Krimkrieg, 1855. Der legendäre Ruf der *Corps des Zouaves* geht auf die Erfolge dieser Infanterieeinheiten im Krimkrieg zurück. Zu Beginn des Krieges 1870 waren deutsche Zeitungen und Illustrierte voll von Zeichnungen und Karikaturen französischer Kolonialtruppen.

leisten konnte und wollte, entschied nach einem komplizierten Verfahren letztlich das Los, wer Soldat werden musste. Diejenigen, die es traf, konnten sich jedoch freikaufen oder einen Vertreter stellen. Der gezogene Soldat – oder sein Stellvertreter – musste sieben Jahre dienen, blieb dann aber meist länger in der Armee, da er auf dem zivilen Arbeitsmarkt kaum noch Chancen hatte. 1870 machten die 200 000 Stellvertreter die Mehrheit der Soldaten aus, die in den Krieg zogen.

Wer eine geringe Kampfkraft bei dieser auf den ersten Blick so merkwürdig zustande gekommenen »Truppe« vermutet, täuscht sich allerdings. Viele Soldaten waren kriegserfahren, manche zudem Elitesoldaten, etwa die Zuaven, Turkos und Zephyrs sowie die berittenen Spahis aus den nordafrikanischen Kolonien oder die Fremdenlegionäre. Diese Schlagkraft, der Geist der Offensive und die Fähigkeit, auf dem Schlachtfeld geschickt zu manövrieren, reichten in den Augen französischer Generale aus, auch größere Armeen zu besiegen. Die Kriege Napoleons I. hatten dies ebenso bewiesen wie die Feldzüge unter Napoleon III.

Doch so professionell die französische Armee agierte, so notorisch waren auch ihre Defizite. Dazu gehörten neben chronischer Disziplinlosigkeit im Alltag wie im Kampf das Fehlen einer Organisation oberhalb der Regimentsebene sowie die mangelnde Effizienz des Kriegsministeriums. Napoleons Kriege gegen Österreich oder Mexiko hatten diese Mängel deutlich gemacht, doch Reformen waren vor 1870 nur mühsam in Gang gekommen.

1868 hatte Napoleon III., nicht zuletzt unter dem Eindruck der Erfolge der preußischen Armee, mühsam ein neues Wehrpflichtgesetz durchgesetzt, das die Aufstellung einer Mobilgarde vorsah. Diese Reformen hätten die reguläre Armee bis 1875 zwar auf eine Kriegsstärke von 800 000 Mann einschließlich Reserven gebracht; darüber hinaus waren 500 000 Mann Mobilgarden vorgesehen. Die Umsetzung der Reformen erwies sich angesichts der großen Vorbehalte gegenüber dem Wehrdienst, aber auch der fehlenden Bereitschaft der Kammern, dafür ausreichend Gelder zur Verfügung zu stellen, jedoch als schwierig. Als der Krieg ausbrach, war die Zahl der ausgebildeten Garden noch sehr gering.

Ausrüstung und Bewaffnung

Die Zahl der zur Verfügung stehenden Soldaten ist nur ein Faktor bei der Führung eines erfolgreichen Krieges. Kaum weniger bedeutsam sind Ausrüstung und Bewaffnung, allen voran die Gewehre. Das preußische Zündnadelgewehr hatte bei Königgrätz bewiesen, dass moderne Waffen den Verlauf einer Schlacht entscheidend beeinflussen konnten. Diese Überlegenheit besaßen die preußischen Truppen 1870 jedoch nicht mehr. Das französische Chassepot-Gewehr, ebenfalls ein Hinterlader, war dem Zündnadelgewehr hinsichtlich der Reichweite und Treffsicherheit überlegen. Der heftige Rückstoß bereitete den Soldaten allerdings erhebliche Probleme. Sie schossen daher häufig aus der Hüfte, zu Lasten der Treffsicherheit.

Personal und Ausrüstung der gegnerischen Heere zu Kriegsbeginn am 31.8.1870

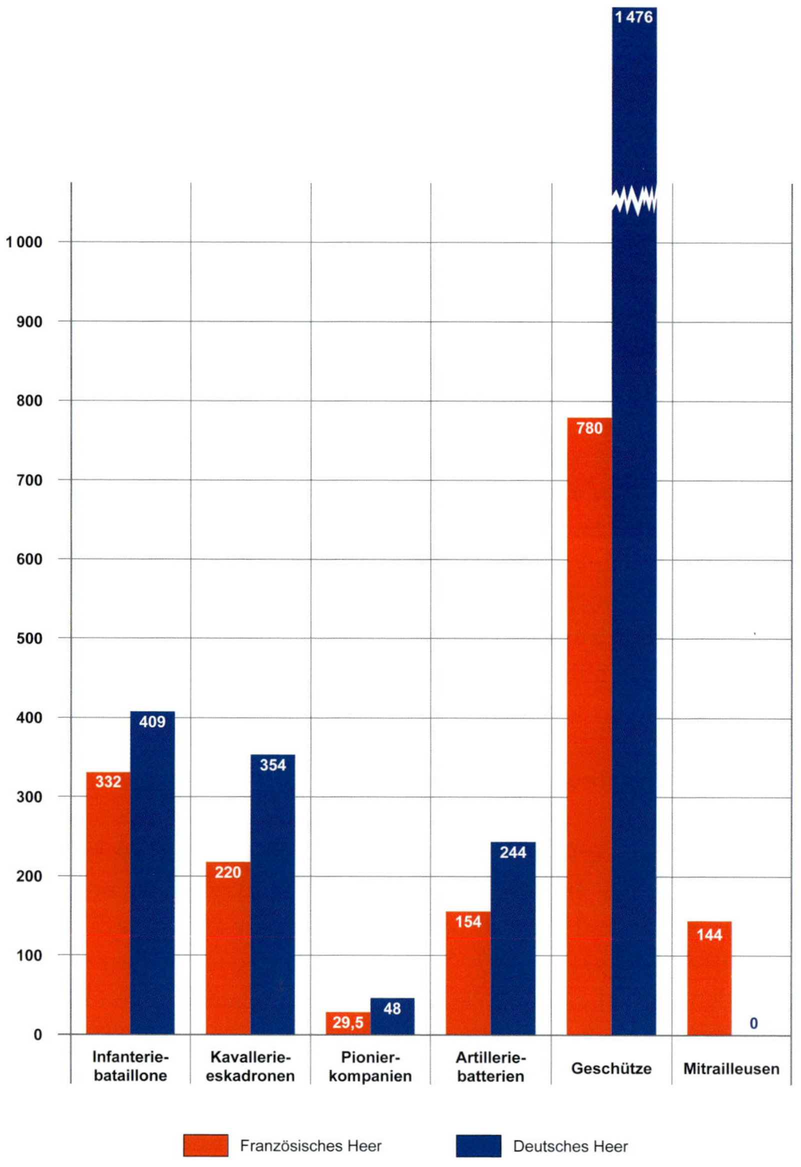

Quellen: Regensberg, 1870/71, Bd. 1, Beilagen 1 bis 3.

Die französische Armee verfügte nicht nur über das bessere Infanteriegewehr, sondern auch über die Vorform des modernen Maschinengewehrs, die Mitrailleuse. Dabei handelte es sich um einen Zwitter zwischen Maschinengewehr und Artilleriegeschütz. Ein auf eine Geschützlafette montiertes Rohr enthielt im Innern 25 Läufe, die durch das Drehen einer Kurbel an dessen Ende ihre Patronen abfeuerten. Mit 3000 Metern war ihre Reichweite groß, ebenso die Feuergeschwindigkeit von 125 Schuss pro Minute. Angesichts der Schwerfälligkeit der Lafette war die Streuung jedoch gering, und angreifende Infanteristen konnten sie leicht umgehen. In den Kämpfen spielte die Mitrailleuse nur eine geringe Rolle, auch weil die Franzosen sie zumeist taktisch wenig zweckmäßig einsetzten.

Ganz anders verhielt es sich bei den Geschützen. Der Übergang vom Vorder- zum Hinterlader sowie vom glattläufigen zum gezogenen Rohr hatte die Reichweite und Treffsicherheit der Artillerie erheblich erhöht. Nur so schien die Artillerie in der Lage, angreifende Infanterie mit verbesserten und weiter reichenden Waffen wirkungsvoll zu bekämpfen. Die effektive Reichweite bisheriger Geschütze von 300 bis 500 Metern reichte dazu nicht mehr aus.

Das von der Essener Firma Krupp entwickelte Gussstahlgeschütz ermöglichte sogar Reichweiten von bis zu 4000 Metern, auch wenn die durchschnittliche Gefechtsreichweite ca. zwischen 1100 und 1900 Metern lag. Das genügte, um immer wieder in den Kampf der Infanterie einzugreifen und ihn zu entscheiden. Die französische Armee benutzte hingegen immer noch Vorderlader. Sie waren Hinterladern ebenso unterlegen wie die eigenen Granaten. Die preußischen Aufschlagszünder waren zuverlässiger als die französischen Zeitzünder. Zudem überschätzten die französischen Artilleristen die Aufprallwirkung ihrer Granaten, die Wirkung durch Granatsplitter unterschätzten sie wiederum.

Aufmarsch

Zahlenmäßige Überlegenheit und gute Bewaffnung sind in einem modernen Krieg, in dem Zeit eine wichtige Rolle spielt, jedoch nutzlos, wenn die Truppen nicht rechtzeitig auf dem Gefechtsfeld erscheinen oder taktisch unzweckmäßig geführt werden. Die Erfindung der Eisenbahn und ein immer dichteres Netz von Eisenbahnlinien hatten nicht nur die Transportbedingungen revolutioniert, sondern auch den Aufmarsch von Armeen enorm beschleunigt. Diese mussten nun nicht mehr auf wenigen Straßen in großen geschlossenen Massen aus Zehntausenden von Soldaten und Pferden auf einer einzigen »Vormarschachse« (Dierk Walter) marschieren. Im Sinne eines späteren Diktums von Generalstabschef Moltke konnten sie nun vielmehr »getrennt marschieren und vereint schlagen«.

Die Verbesserungen der Infrastruktur und die Innovationen im Verkehrswesen vereinfachten und flexibilisierten zugleich die Führung und Versorgung größerer Truppenverbände – sei es aus dem Lande selbst, sei es aus Depots im Hinterland. Der Einsatz von Eisenbahnen, der Marsch- und Transportzeiten verkürzte, beschleunigte so den Beginn der Kampfhandlungen.

In Preußen hatte sich das Kriegsministerium seit den 1840er Jahren detailliert mit der Nutzbarmachung der Eisenbahnen für militärische Zwecke beschäftigt und die Erfahrungen sowohl anderer als auch eigener Kriege sorgfältig ausgewertet. 1866 wurde für die Dauer des Krieges eine Feldeisenbahnabteilung gebildet, 1869 folgte die dauerhafte Ein-

Kavallerietransport auf der Eisenbahn: Pferdestall eines Offiziers der Garde du Corps. Holzstich nach einer Zeichnung von Friedrich Kaiser, 1870.

richtung einer Eisenbahnabteilung im Großen Generalstab. Seit Anfang der 1860er Jahre waren Eisenbahntransporte gleichzeitig Bestandteil der Übungen auf Generalstabs- und Truppenebene. Konsequenter als zuvor nahm der Generalstab in enger Zusammenarbeit mit dem Handelsministerium und den zivilen Eisenbahndirektionen nun auch Einfluss auf die Streckenführung sowie die Nutzung der Bahnen im Konfliktfall.

Der Aufmarsch gegen Frankreich 1870 vollzog sich dank der zuvor gemachten Erfahrungen vergleichsweise schnell. Die Eisenbahnabteilung hatte die entsprechenden Pläne bereits im Frühjahr abgeschlossen. Auf sechs verschiedenen Linien, drei davon zweigleisig, sollten die zwölf Korps des Norddeutschen Bundes an die Westgrenze befördert werden. Auch für die verbündeten süddeutschen Truppen gab es Pläne, für die drei Ost-West-Linien zur Verfügung standen. Ab dem 16. Juli, einen Tag nach der Mobilmachung, begannen die Transporte, nachdem der Generalstab die Eisenbahnen erstmals für den zivilen Verkehr gesperrt hatte. Dadurch wurden die Einheiten zunächst auf Kriegsstärke gebracht; ab dem 23. Juli, eine Woche nach der Mobilmachung, rollten die Züge dann in die Pfalz und an den Rhein. So wollte Moltke französischen Angriffen in den Aufmarsch hinein zuvorkommen.

Bereits am 3. August standen 460 000 Mann in ihren Aufmarschräumen in der Pfalz und im Saarland bereit. Am 9. August waren die Transporte in die Versammlungsräume endgültig abgeschlossen. 1500 Züge hatten 640 000 Soldaten und 170 000 Pferde befördert. Bei der anschließenden Versorgung der Truppen während des weiteren Vormarsches sowie der Belagerung von Paris kam es ungeachtet der immer wieder großen Marschleistungen zu schwerwiegenden Problemen. Ein Teil der Strecken musste erst durch die erfolgreiche Belagerung von Festungen freigekämpft werden; manche Strecken wie jene über Belfort blieben jedoch gesperrt. Andere wieder waren nur eingeschränkt nutzbar, wie die über Toul, die nach der Sprengung des Tunnels von Nanteuil durch französische Freikorps (Franktireurs) blockiert war. Nicht zuletzt erwies sich das deutsche Eisenbahnnetz im Vergleich zum französischen als nicht dicht und leistungsfähig genug.

Das französische Eisenbahnsystem galt vor 1870 als das beste der Welt. Gleichwohl sollten Napoleons Armeen davon kaum einen Nutzen haben. Der Eisenbahnaufmarsch verlief aufgrund unsystematischer

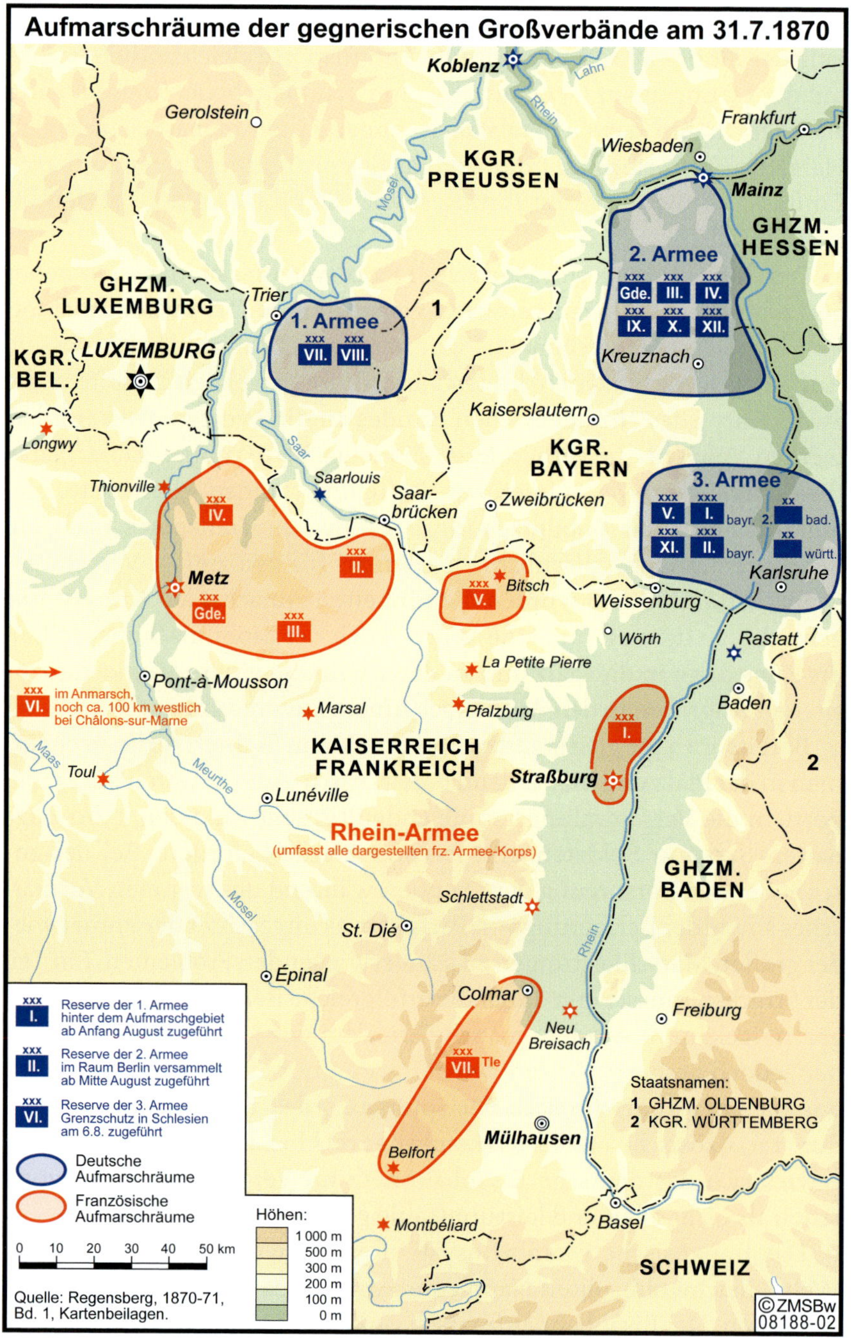
Aufmarschräume der gegnerischen Großverbände am 31.7.1870
Koblenz
Lahn
Rhein
Gerolstein
Frankfurt
Wiesbaden
KGR. PREUSSEN
Mosel
Mainz
GHZM. HESSEN
2. Armee
XXX Gde.
XXX III.
XXX IV.
XXX IX.
XXX X.
XXX XII.
Trier
1. Armee
XXX VII.
XXX VIII.
1
GHZM. LUXEMBURG
LUXEMBURG
KGR. BEL.
Kreuznach
Kaiserslautern
Longwy
Saar
KGR. BAYERN
3. Armee
XXX V.
XXX I. bayr.
XX 2. bad.
XXX XI.
XXX II. bayr.
XX württ.
Thionville
Saarlouis
Saarbrücken
Zweibrücken
XXX IV.
XXX II.
Metz
XXX Gde.
XXX III.
XXX V.
Bitsch
Weissenburg
Karlsruhe
Wörth
Rastatt
La Petite Pierre
Pont-à-Mousson
XXX VI. im Anmarsch, noch ca. 100 km westlich bei Châlons-sur-Marne
Marsal
Pfalzburg
Baden
XXX I.
KAISERREICH FRANKREICH
Maas
Toul
Meurthe
Straßburg
2
Lunéville
Rhein-Armee
(umfasst alle dargestellten frz. Armee-Korps)
GHZM. BADEN
Schlettstadt
Mosel
St. Dié
Rhein
Épinal
Colmar
Neu Breisach
Freiburg
XXX VII. Tle
Staatsnamen:
1 GHZM. OLDENBURG
2 KGR. WÜRTTEMBERG
Mülhausen
Belfort
Basel
Montbéliard
SCHWEIZ
XXX I. Reserve der 1. Armee hinter dem Aufmarschgebiet ab Anfang August zugeführt
XXX II. Reserve der 2. Armee im Raum Berlin versammelt ab Mitte August zugeführt
XXX VI. Reserve der 3. Armee Grenzschutz in Schlesien am 6.8. zugeführt
Deutsche Aufmarschräume
Französische Aufmarschräume
0 10 20 30 40 50 km
Höhen:
1 000 m
500 m
300 m
200 m
100 m
0 m
Quelle: Regensberg, 1870-71, Bd. 1, Kartenbeilagen.
©ZMSBw 08188-02

Planungen und mangelnder Absprachen mit den jeweiligen Bahngesellschaften vielmehr chaotisch. Einer der wesentlichen Gründe lag in der Entscheidung des Kriegsministeriums, anders als in Preußen alle Transporte simultan und nicht sukzessive rollen zu lassen. Die Folge war ein heilloses Durcheinander im Hinterland. Viele Züge rollten mangels genauer vorheriger Planung halbleer an die Front, manche wurden unterwegs angehalten und mussten wieder zurückfahren.

Hinzu kamen die Schwächen des Depotsystems: In Metz beispielsweise gab es kaum Lebensmittel zur Versorgung der Truppe, an anderen Standorten fehlten das Kochgeschirr und die Feldflaschen für die Soldaten. In Belfort wiederum fand der kommandierende General zunächst seine Regimenter nicht, ein anderer hatte kein Geld, um Proviant wenigstens zu kaufen; dort, wo welcher vorhanden war, war er häufig verdorben. Zu den Besonderheiten, die die Mobilmachung erschwerten, gehörte auch die Praxis, einberufene Reservisten zunächst zu ihren Heimatdepots zu schicken, um sie dann wieder an die Front zu senden.

Die Folge waren teils unendliche Odysseen. So reiste ein im Elsass wohnender Reservist zunächst in sein Heimatdepot im nordafrikanischen Algier, um dann von dort wieder an die Front im Osten Frankreichs geschickt zu werden. Tausende Reservisten irrten buchstäblich im Land herum, bevor sie endlich einsatzbereit waren. Truppen, die schließlich in Metz oder anderen Orten ankamen, wussten oft nicht, wohin sie marschieren sollten, wurden wieder ein- und an anderen Stellen ausgeladen.

Vor dem Hintergrund dieser chaotischen Verhältnisse verwundert es nicht, dass französische Offiziere zwar viele Karten der zu erobernden Rheinlande, nicht aber für das eigene Land besaßen. Der Chef des Generalstabs der Rheinarmee konnte mit Mühe und Not ein Exemplar im Maßstab 1:80 000 auftreiben, ein anderer musste sich nach den Niederlagen im August auf dem Marsch von Châlons nach Sedan eine genaue Karte bei einem Freund ausleihen, da das Kriegsministerium keine übrighatte. Viele der Karten, die nur sehr sparsam verteilt wurden, waren allerdings nicht viel wert. Sie waren seit Langem nicht mehr aktualisiert worden, viele neue Straßen und Eisenbahnlinien waren noch nicht eingezeichnet. Aber auch das Kartenlesen selbst, das preußische Offiziere so intensiv studieren mussten, schien ein Problem zu sein: Selbst Napoleon III. konnte bei Ausbruch des Krieges, wie einer seiner Generale am

Begründer des operativen Denkens: General Helmuth Graf von Moltke, hier in seinem Arbeitszimmer in Versailles. Gemälde von Anton von Werner, 1872. Aufgrund der Unberechenbarkeit eines Krieges hielt Moltke nur den Beginn einer Auseinandersetzung für planbar. Von seinen untergeordneten Führungsebenen forderte er selbstständiges und flexibles Handeln.

Vorabend der Abreise an die Front erstaunt feststellte, keine Karte richtig lesen. »Eine unentschuldbare Verschwendung von Kraft, Zeit und Geld«, urteilte das offizielle französische Generalstabswerk über den Krieg von 1870. »Weder die Mobilmachung noch der Aufmarsch waren in vernünftiger Weise vorbereitet worden. Überall, in allen Bereichen, die unsere Armee und deren möglichen Einsatz betrafen, zeigten sich die Konsequenzen des nicht Vorbereitetseins.«

Operationsplanungen

Diese Unterschiede des »Vorbereitetseins« spiegeln sich auch in den Aufmarschplanungen wider. Nach dem Krieg gegen Österreich war Moltke zwar überzeugt, dass ein Feldzug gegen Frankreich sich nicht vermeiden lassen würde, da der Nachbar im Westen in Preußen einen Rivalen um die Macht auf dem Kontinent sehe. Zunächst glaubte er zwar, dieser Krieg werde eher in ferner als in naher Zukunft stattfinden. Im Zuge wachsender Spannungen mit Frankreich hatte Moltke allerdings im Winter 1868/1869 begonnen, diesen Krieg zu planen.

Zwei Leitgedanken kennzeichneten seine Überlegungen. Zum einen war Moltke sich angesichts des heraufziehenden Zeitalters der »Millionenheere« darüber im Klaren, dass ein Krieg nicht lange dauern durfte:

> Der Charakter der heutigen Kriegführung ist bezeichnet durch das Streben nach großer und schneller Entscheidung. Die Stärke der Armeen, die Schwierigkeit, sie zu ernähren, die Kostspieligkeit des bewaffneten Zustandes, die Unterbrechung von Handel und Verkehr, Gewerbe und Ackerbau, dazu die schlagfertige Organisation der Heere und die Leichtigkeit, mit welcher sie versammelt werden – Alles drängt auf rasche Beendigung des Krieges,

hatte er daher seinen Kommandeuren erklärt. In der Konsequenz bedeutete dies, und dies war der zweite Leitgedanke seiner Planungen, »die Hauptmacht des Gegners aufzusuchen und, wo man sie findet, anzugreifen«. In den Richtlinien für die Abteilungschefs des Großen Generalstabs hieß es dann ein Jahr später, im Mai 1870:

> Die Operation gegen Frankreich wird einfach darin bestehen, dass wir möglichst geschlossen einige Märsche auf französischem Boden vorgehen, bis wir der französischen Armee begegnen, um dann die Schlacht zu liefern. Die Richtung dieses Vorgehens ist im Allgemeinen Paris, weil wir in derselben am sichersten [den] Zielpunkt des Vorgehens, das feindliche Heer zu treffen, erwarten dürfen.

Moltke ging davon aus, dass die Armeen Napoleons III. »ihre erste Versammlung auf der Linie Metz – Straßburg bewirken werden, um mit Umgehung unserer starken Rhein-Front gegen den Main vorzudringen, Nord- und Süddeutschland zu trennen, mit Letzterem ein Abkommen zu treffen und [...] gegen die Elbe vorzustoßen«. Er plante daher seinerseits einen Aufmarsch in der Pfalz, die die Mitte der Westfront darstellte. Von dort aus ließen sich die französischen Armeen einerseits frontal am Rhein aufhalten. Andererseits ermöglichte ein Aufmarsch in dieser Region auch einen Vorstoß nach Norden oder Süden in deren Flanken. »Wir können uns«, hieß es durchaus selbstbewusst, »gegen die eine wie die andere, oder vorausgesetzt, dass wir stark genug sind, gegen beide gleichzeitig wenden.« Die Festung Metz wollte er dabei umgehen. »Der nächste strategische Aufmarsch, sofern es nicht schon früher zur Schlacht kommt, ist die Linie der Mosel Lunéville – Pont-à-Mousson«, lautete die Direktive. Der Gedanke, den Gegner möglichst schnell mit einem überlegenen linken Flügel zu umfassen – von Süden her oder, wenn er nach Westen auswich, weit ausholend –, wird in diesen Planungen deutlich.

Über den Aufmarsch und den Beginn des Krieges aber dachte Moltke nicht hinaus. Er war überzeugt:

> Es ist eine Täuschung, wenn man glaubt, einen Feldzugsplan auf weit hinaus feststellen und bis zu Ende durchführen zu können. Der erste Zusammenstoß mit der feindlichen Hauptmacht schafft, je nach seinem Ausgang, eine neue Sachlage. Vieles wird unausführbar, was man beabsichtigt haben mochte, manches möglich, was vorher nicht zu erwarten stand. Die geänderten Verhältnisse richtig auffassen, daraufhin für eine absehbare Frist das Zweckmäßige anordnen und entschlossen durchführen, ist alles, was die Heeresleitung zu tun vermag.

Gliederung der 1. (deutschen) Armee am 31.8.1870

Gesamtstärke der 1. Armee:
75 Infanterie-Bataillone
64 Kavallerie-Eskadronen
9 Pionier-Kompanien
45 Artillerie-Batterien mit 270 Geschützen

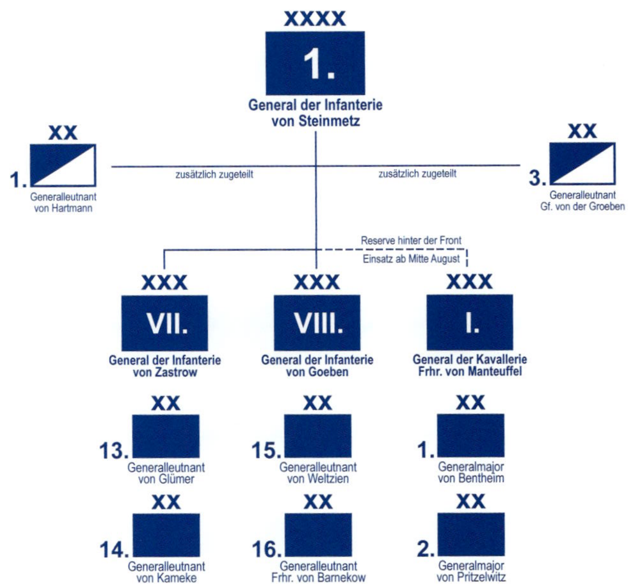

Quellen: Regensberg, 1870/71, Bd. 1, Beilage 2.

Gliederung der 2. (deutschen) Armee am 31.8.1870

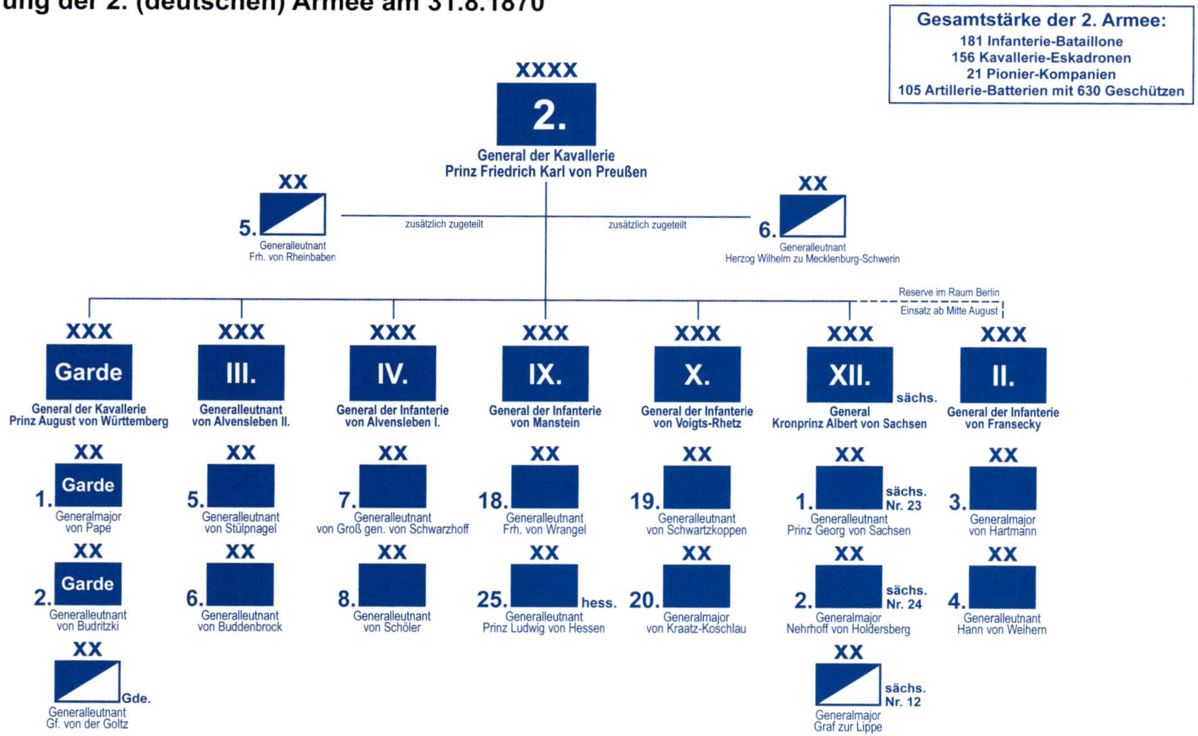

Quellen: Regensberg, 1870/71, Bd. 1, Beilage 2.

Gliederung der 3. (deutschen) Armee am 31.8.1870

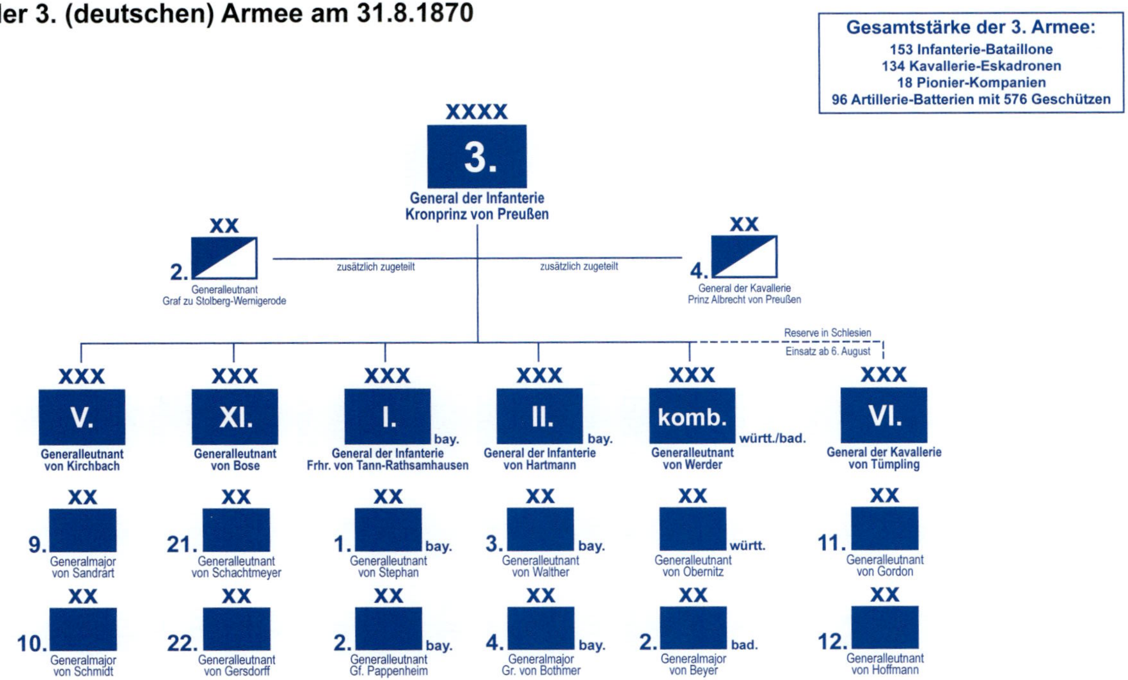

Quellen: Regensberg, 1870/71, Bd. 1, Beilage 3.

Dass daran viel Wahres war, sollte der Verlauf des Krieges zeigen.

Den Aufmarsch der Truppen plante Moltke hingegen sehr genau: Drei Armeen setzten sich mit Beginn der Mobilmachung wie geplant gegen Frankreich in Marsch: Die 1. Armee unter General Karl Friedrich von Steinmetz in Richtung Trier und die 2. unter Prinz Friedrich Karl in Richtung Saarbrücken. Die 3., vom preußischen Kronprinzen Friedrich Wilhelm geführte Armee, die auch die süddeutschen Kontingente umfasste, sollte sich bei Landau und am rechten Rheinufer versammeln. Dieser Plan barg aber Risiken, so minutiös der Transport der Truppen mit der Eisenbahn in die grenznahen Räume auch festgelegt worden war. Ein schneller Vorstoß der französischen Armee konnte insbesondere die 2. Armee in große Bedrängnis bringen, wenn sie beim Ausladen überrascht wurde. Moltke befahl daher bereits am 23. Juli, die Ausladung an den Rhein zurückzuverlegen; von dort mussten die Soldaten dann an die Grenze marschieren. Sicherheit ging vor Schnelligkeit. Ende Juli war der Aufmarsch abgeschlossen. »Sogar der zum Schlachten bestimmte Ochse scheint im Voraus zu wissen, in welchem Kochgeschirr er landen wird«, notierte ein Zeitgenosse voller Verwunderung angesichts der Präzision, mit der das einmal in Gang gesetzte Räderwerk zu funktionieren schien.

Und wie sah es auf französischer Seite aus? Die Planungen des Gegners hat der preußische Generalstabschef weitgehend zutreffend vorausgesehen. Sie waren jedoch keinesfalls mit denen Moltkes vergleichbar. Das französische Vorgehen beruhte vielmehr zum großen Teil auf unrealistischen Annahmen. Man glaubte etwa, Preußen würde mindestens fünf Wochen für das Zusammenziehen seiner Truppen brauchen, und auf dieser Grundlage hatte Napoleon III. persönlich bei einem geheimen Treffen mit dem österreichischen Erzherzog Albrecht in Paris Mitte Mai 1870 einen Operationsplan konzipiert. Durch einen schnellen Vorstoß über den Rhein bei Maxau wollte er das Heft des Handelns in die Hand bekommen und damit zugleich die eigene strukturelle Unterlegenheit ausgleichen. Er hoffte, die österreichische Armee werde nun, ermutigt durch die französischen Siege, in den Krieg eintreten. Gemeinsam werde man in Deutschland vorrücken, um sich in Nürnberg zu treffen und damit die Zange zu schließen. Der spätere Marschall Ferdinand Foch beschrieb diesen Plan 30 Jahre später in seinen Vorlesungen an der Kriegsakademie mit viel Sarkasmus:

> Der Gedanke, ganz Deutschland, das unter Waffen steht oder zumindest in Bewegung ist, zu durchqueren, um unsicheren Bundesgenossen die Hand zu reichen, heißt offensichtlich, das Problem als gelöst vorauszusetzen, den Gegner für geschlagen oder untätig zu halten und den Sieg bereits als errungen anzusehen.

Napoleon III., der wie einst sein Onkel selbst die Armee anführen wollte, ließ diesen ohnehin sehr vagen Plan mit vielen Unwägbarkeiten allerdings wieder fallen. Am Ende war der französische Aufmarsch daher eher das Ergebnis von Improvisation als von systematischer Planung. Auch von Schnelligkeit, die angesichts der zahlenmäßigen Überlegenheit der Truppen auf der anderen Rheinseite eigentlich eine zwingende Notwendigkeit für einen Erfolg war, konnte keine Rede sein, wie der teilweise quälend langwierige Aufmarsch zeigt. Zwar standen am 26. Juli immerhin 187 000 Mann an der Grenze. Die Einheiten waren jedoch ohne klare Schwerpunktbildung über 200 Kilometer verteilt; ein Teil der Abteilungen befand sich noch auf dem Marsch; wichtige Ausrüstungsgegenstände wie Verpflegung, die Bespannung der Geschütze oder Munition waren nicht in ausreichender Menge vorhanden.

Eine schnelle Offensive war somit unmöglich. Verantwortlich dafür war nicht zuletzt die mangelnde Planung für den Aufmarsch. Selbst Ende Juli – zwei Wochen nach der Kriegserklärung an Preußen – wusste der Kommandeur des 3. Armeekorps, General François-Achille Bazaine, der den Kaiser vertrat, immer noch nicht, wie Napoleon sich den Beginn des Krieges vorstellte. »Nichts scheint entschieden«, hieß es in einem Brief. »Es scheint mir, dass man an einen offensiven Vorstoß gegen die II. (preußische) Armee denkt.« Ausgereift war dies alles nicht. Die Unsicherheit über das Vorgehen Moltkes verstärkte zudem die defensive Haltung auf französischer Seite. Lange Zeit nahmen die Verantwortlichen an, dass der preußische Generalstabschef eine Schlacht in der Nähe von Mainz statt an der Grenze anstrebe. Das Ausladen der 2. Armee in der Nähe der Stadt hatte die französischen Generale offensichtlich verunsichert.

Seine »Rheinarmee« – so der programmatische Name – wollte Napoleon persönlich führen. Sie bestand zunächst aus drei Armeekorps unter der Leitung von drei kriegserfahrenen Offizieren: eine im Elsass unter Marschall Mac-Mahon, die andere in Lothringen unter Marschall

Gliederung der französischen Rhein-Armee am 31.8.1870

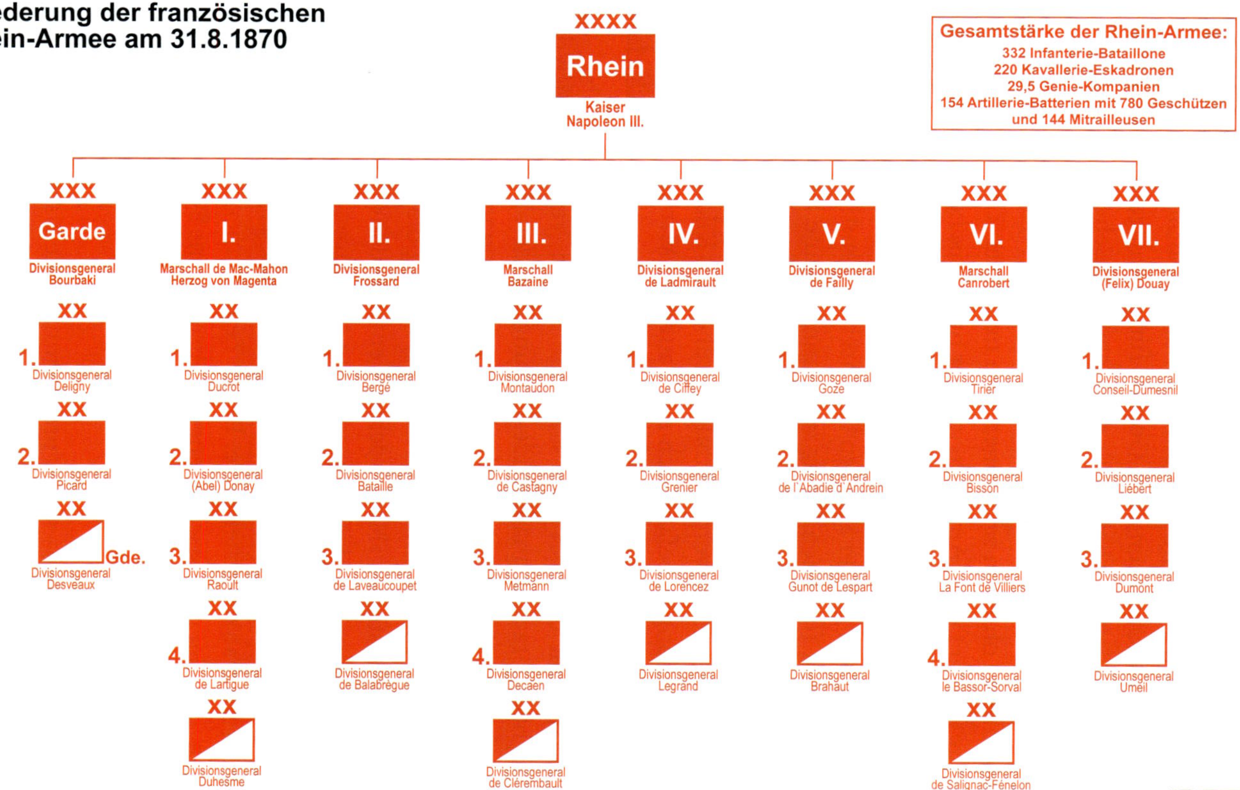

Quellen: Regensberg, 1870/71, Bd. 1, Beilage 1.

Bazaine, eine weitere unter General Charles Auguste Frossard an der Saar. Hinzu kamen weitere Korps an anderen strategisch wichtigen Positionen im Elsass und in Lothringen sowie eine Reserve im Lager von Châlons. Im Gegensatz zu Preußen und seinen Verbündeten besaß Frankreich zudem eine durchaus beachtliche Marine. Auch diese sollte gegen den Gegner aufmarschieren. Ihre Aufgabe war zunächst die Blockade der deutschen Küsten. Zugleich sollte sie 30 000 Marinesoldaten an der dänischen Ostseeküste absetzen, die im Rücken der preußischen Truppen Krieg zu führen hatten. Das Ziel bestand letztlich darin, die Hauptfront am Rhein zu entlasten.

Wie häufig in Kriegen sollte der Wille alle Schwierigkeiten beseitigen: Indem er die Erfolge auf der Krim, in Nordafrika, Italien und Mexiko beschwor, erklärte Napoleon III. nach dem Eintreffen bei der Armee in Metz am 28. Juli:

> Ganz Frankreich begleitet Euch mit glänzenden Wünschen, das Weltall hat seine Augen auf Euch gerichtet, von Unserem Erfolg hängt das Schicksal der Freiheit und der Zivilisation ab. Tue jeder seine Pflicht, der Gott der Schlachten wird mit Uns sein.

Ob dieser Appell ausreichte, um den Sieg zu erringen, musste sich noch zeigen. Denn anders als erwartet standen Napoleons Armeen nicht nur preußische, sondern auch süddeutsche Truppen gegenüber. Seine Hoffnung, dass sich die süddeutschen Staaten Preußen nicht anschlossen, hatte sich ungeachtet zahlreicher diplomatischer Versuche und seines Appells vom 22. Juli an ebenjene Staaten zerschlagen. Diese standen zu ihren Schutz- und Trutzverträgen. Der Aufruf Wilhelms I. vom 25. Juli an das »große deutsche Vaterland« hatte offenkundig sein Ziel erreicht:

> Einig wie kaum jemals zuvor, darf Deutschland in seiner Einmütigkeit wie in seinem Recht die Bürgschaft finden, dass der Krieg ihm den dauernden Frieden bringen und dass aus der blutigen Saat eine von Gott gesegnete Ernte deutscher Freiheit und Einigkeit sprießen werde.

↗ Populär wurde Ferdinand Graf von Zeppelin nicht nur mit seinen Luftschiffen, sondern auch durch den »Ritt von Schirlenhof« am 26. Juli 1870. Als Hauptmann führte er einen Spähtrupp hinter die französischen Linien. Alle Soldaten gerieten in Gefangenschaft, einzig ihm gelang die Flucht. Seine Erkundungen ergaben Anhaltspunkte für spätere Offensiven. Sammelbild, Cigaretten-Bilderdienst Hamburg-Bahrenfeld 1936.

4 Grenzschlachten: Von Saarbrücken nach Sedan

Noch während des Aufmarschs der Armeen kam es am Tag der Kriegserklärung Frankreichs an Preußen am 19. Juli 1870 zu kleineren Scharmützeln im Grenzgebiet an Rhein, Saar und Mosel. Vorgeschobene Kavalleriepatrouillen stießen bei der Suche nach den Einheiten des Gegners an einzelnen Orten aufeinander. Erste Verwundete und Tote waren zu beklagen. Legendär geworden ist die Patrouille des württembergischen Hauptmanns Ferdinand Graf Zeppelin im Elsass, der bei Schirlenhof unerwartet auf französische Truppen traf; mit Mühe konnte er sich als Einziger retten. Seine »Geschichte« ging bald in den Fundus der immer wieder erzählten todesmutigen Heldentaten des Krieges ein; Maler haben den Grafen schon früh zu einer Ikone der Kämpfe gemacht.

Auf die ersten Scharmützel folgte schnell der große Krieg: Am 2. August griff Marschall Bazaine, unterstützt von Artillerie und Mitrailleuse-

François-Achille Bazaine (1811–1888). Lithografie von Adolphe Lafosse, 1869, nach einem Gemälde von Jean-Adolphe Beaucé. Bazaine befehligte die Rheinarmee. Die Kapitulation von Metz rief großen Unmut in der Bevölkerung hervor. Bazaine wurde wegen Pflichtverletzung vor ein Kriegsgericht gestellt. Patrice de MacMahon, der ihn entsetzen sollte, wandelte später sein Todesurteil in eine Haftstrafe um.

batterien, mit drei Divisionen Saarbrücken an. Das Moment der Überraschung sowie die zahlenmäßige Überlegenheit über die preußischen Truppen, die nur ein Infanteriebataillon und eine Ulaneneskadron ins Gefecht schicken konnten, konnte er freilich nicht nutzen. Saarbrücken wurde zwar kurzzeitig besetzt, St. Johann sogar beschossen. Napoleon III. und der französische Kronprinz beobachteten die Kämpfe schließlich aus nächster Nähe. Am Ende zogen sich die französischen Truppen jedoch wieder zurück. Die Lage erschien ihnen angesichts der unbekannten Stärke des Gegners zu unsicher. »Was war überhaupt der Zweck dieser Operation?«, fragte sich Bazaine nach dem Krieg selbstkritisch. »Operationen sind unnütz, wenn man die eroberten Punkte […] beim Beginn der Feindseligkeiten nicht auch zu behaupten sucht.« Dies galt umso mehr, als die Folgen für die Truppe, die diese Punkte unter Opfern erkämpft hatte, erheblich waren: »Ihr Vertrauen und ihre Moral wird dadurch für die Folge des Feldzugs erschüttert, und das ist bei uns tatsächlich so gewesen.« Dass der Marschall selber dazu beigetragen hatte, indem er die ursprüngliche Befehle Napoleons, die einen viel größeren Einsatz an Truppen vorgesehen hatten, verwässert hatte, vergaß er allerdings zu erwähnen.

Es war diese defensive Haltung der französischen Armeeführung, die Moltke darin bestärkte, ähnlich wie bei Königgrätz eine Entscheidungsschlacht gegen die Hauptarmee unter Bazaine in Lothringen zu planen. Zunächst wollte er alle Armeen getrennt marschieren lassen, doch dann sollten 1. und 2. Armee gemeinsam vorgehen. Am Ende zog er ein Zusammenwirken aller drei Armeen in Erwägung: »Das gleichzeitige Eintreffen aller drei Armeen in die Entscheidungsschlacht ist das erstrebte Ziel und werden dafür von hier aus die Bewegungen zu regeln gesucht werden«, schrieb er bereits am 4. August. Dieses Ziel war allerdings nur erreichbar, wenn sich die französischen Armeen weiter so de-

Die Mitrailleuse war eine manuell zu bedienende Schnellfeuer-Schusswaffe, die die Franzosen 1870/71 einsetzten. Bei Kriegsausbruch waren allerdings nur wenige Artillerieführer mit ihrer Bedienung vertraut, sodass die Waffe selten ihr Potenzial entfalten konnten. Ihre psychologische Wirkung auf den Gegner war jedoch groß. Preußische Truppen nannten sie »Höllenmaschine«.

fensiv verhielten wie bisher. Zum anderen mussten die deutschen Armeen diszipliniert auf dieses Ziel hinarbeiten. Das bedeutete: Stillhalten für die 1. Armee auf dem rechten Flügel, Aufrücken der 2. Armee in die richtige Position in der Mitte und rechtzeitiges Einschwenken der 3. Armee, des linken Flügels, in Richtung Saar nach erfolgreicher Schlacht gegen die unterlegenen Kräfte Mac-Mahons im Elsass. Angesichts der unterschiedlichen Aufmarschgeschwindigkeiten, aber auch aufgrund des schwierigen Terrains im Elsass waren dies ambitionierte Ziele.

Dennoch sollte der Plan aufgehen. Zufälle spielten dabei eine ebenso wichtige Rolle wie Fehlentscheidungen und Führungsschwäche auf französischer Seite. Die Kämpfe, die am 4. und 6. August bei Weißenburg und Wörth stattfanden, waren die ersten Etappen auf dem Weg zur geplanten Vernichtungsschlacht. Bei Weißenburg stieß die 3. Armee überraschend auf vorgeschobene französische Truppen. Eigentlich

General Patrice Maurice de Mac-Mahon (1808–1893). Foto um 1870. Trotz der Niederlage bei Sedan genoss er großes Ansehen. Nach Abschluss des Waffenstillstands erhielt er den Oberbefehl der »Armee von Versailles«, um den Aufstand der Pariser Kommune niederzuwerfen. 1873 wurde Mac-Mahon 2. Präsident der Dritten Republik.

war vorgesehen, die Übergänge über die Lauter zu sichern, die schon unter Ludwig XIV. angelegten, inzwischen weitgehend verfallenen Befestigungen einzunehmen und damit zugleich die aus dem Südwesten anmarschierende Armee Mac-Mahons von der Rheinarmee unter Bazaine zu trennen. In blutigen Kämpfen gelang es, die französischen Truppen zurückzudrängen. Bereits zwei Tage später kam es zu noch heftigeren Kämpfen bei Wörth und bei Spichern.

Nach den verlustreichen Kämpfen bei Weißenburg war für die 3. Armee eigentlich ein Ruhetag vorgesehen. Aus Schießereien zwischen deutschen und französischen Vorposten entwickelte sich indes erneut eine große Schlacht im benachbarten Wörth. »Die deutschen Vorposten«, schrieb der spätere Generalstabschef Alfred Graf von Schlieffen rückblickend, »standen den feindlichen schon zu nahe, der Eifer der Unterführer wie der Truppen, es zum Kampf zu bringen, war zu groß: Die Schlacht entwickelte sich von selbst.« Und sie fiel weit heftiger und blutiger aus als alle vorangegangenen Kämpfe. Mac-Mahon hatte zwischenzeitlich nicht nur Verstärkungen erhalten – die meisten Elitesoldaten –, sondern er hielt auch die entscheidenden Höhen besetzt. Am Ende musste er sich jedoch gegenüber dem Ansturm des weit überlegenen Gegners geschlagen geben. Ohne Rücksicht auf Verluste waren vor allem bayerische Truppen vorgestürmt, um den Gegner zu vertreiben. So wichtig dieser Sieg war, er hatte den »Schönheitsfehler«, dass sich Mac-Mahon aufgrund der Entwicklung der Schlacht einer Umfassung entziehen konnte, indem er sich in Richtung Châlons zurückzog.

Zur gleichen Zeit kam es auch zu den ersten Kämpfen auf dem rechten Flügel. Obwohl der Aufmarsch der 1. und 2. Armee noch nicht vollendet war, griff die 1. Armee französische Truppen bei Spichern an. Moltke hatte am Tag zuvor gewarnt: »Ein vereinzeltes Vorgehen [...] gegen den, wie es scheint, mit allen Kräften eng konzentrierten Feind könnte nur zu einer Niederlage führen.« Der Oberbefehlshaber der 1. Armee, General Steinmetz, war dennoch fest überzeugt, nach Saarbrücken vorrücken und den abziehenden Gegner angreifen zu müssen. Am Ende des Gefechts stand allerdings kein echter Sieg. Zunächst einmal hatten sich die eingesetzten Truppen nur mithilfe rasch herbeigeführter Verstärkungen und unter Inkaufnahme unverhältnismäßig großer Verluste halten können. Hinzu kam, dass auch die von General Frossard geführten französischen Korps sich nun zurückzogen, statt für

eine spätere Umfassung vor Ort zu bleiben. Vor allem aber hatte Steinmetz mit seinem eigenmächtigen Vorstoß den gesamten Aufmarsch der 1. und 2. Armee durcheinandergebracht.

Dass die Schlacht bei Spichern dennoch als Erfolg galt, lag vor allem daran, dass die französischen Einheiten sich wegen der Geländeverluste als Verlierer fühlten, die deutschen hingegen als Sieger. Diese Gefühle

Die Württemberger in der Schlacht bei Wörth, 6. August 1870. Gemälde von Georg Bleibtreu, 1880. Diese Schlacht beendete den Nimbus von der französischen Unbesiegbarkeit. Vielen Zeitgenossen galt sie als eigentliche Geburtsstunde des Deutschen Reichs, weil in ihr Preußen, Badener, Württemberger und Bayern gemeinsam gekämpft hatten. Später entwickelte sich ein regelrechter Schlachtfeldtourismus. Es gab eigene Reiseführer, und auch eine Eisenbahnlinie wurde in Betrieb genommen.

spielten bei den Soldaten und deren Generalen auf beiden Seiten eine wichtige Rolle, wenngleich mit unterschiedlicher Wirkung: Auf französischer Seite stärkten sie die defensive Haltung, auf deutscher den Willen zur Offensive – koste es, was es wolle.

Innerhalb von drei Tagen hatten die gegen Frankreich aufmarschierten Armeen trotz hoher Verluste wichtige Siege errungen. Die Gefahr einer Invasion des Rheinlandes war damit gebannt. »Die Überlegenheit der Deutschen an Zahl, Moral und strategischer Position«, schrieb Friedrich Engels am 9. August 1870 zutreffend in der Londoner *Pall Mall Gazette*, »muss jetzt derart sein, dass sie augenblicklich ungestraft fast alles tun können, was sie wollen.« Allerdings hatten die deutschen Armeen mit diesen Siegen zunächst auch die Fühlung mit dem Gegner verloren. Die Armeen Mac-Mahons und Bazaines zogen sich auf Befehl Napoleons vielmehr zurück: Mac-Mahon, der damit das Elsass einschließlich Straßburgs preisgab, brach mit ca. 140 000 Mann nach Südwesten in Richtung Châlons auf; Bazaine mit der immerhin 180 000 Mann starken Rheinarmee nach Westen in Richtung Metz. Den Gedanken, Mac-Mahon entgegenzumarschieren, um gemeinsam den deutschen Vormarsch nach Frankreich hinein doch noch im Elsass aufzuhalten, hat Bazaine erstaunlicherweise erst gar nicht erwogen. Stattdessen plante er, sich mit diesem weiter westlich, bei Châlons, zu vereinigen. Politisch war dieser Gedanke jedoch nicht durchsetzbar. Der Weg nach Paris wäre damit für Moltkes Truppen frei, die Niederlage kaum noch zu vermeiden gewesen. Bazaine sollte die anmarschierenden Deutschen daher doch noch östlich von Metz aufhalten.

Der Verlust der Fühlung hatte allerdings auch Vorteile. Nun ließ sich der Aufmarsch der 2. Armee endlich vollenden, und beide Armeen – 1. und 2. – konnten geordnet werden. In einer großen Rechtsschwenkung folgten Letztere Bazaine, während die 3. Armee Mac-Mahons Truppen nachsetzte. Erst am 14. August kam es erneut zur Schlacht. Östlich von Metz, bei Colombey-Nouilly, stieß die 1. Armee auf Bazaines Einheiten. Widersprüchliche Befehle Napoleons III. verhinderten rechtzeitige Entscheidungen. Erst nachdem der Kaiser, der schwer krank, entscheidungsschwach und durch die Niederlagen politisch angeschlagen war, am 12. August den Oberbefehl Bazaine übergeben hatte, entschloss sich der Marschall, mit der Rheinarmee doch nach Westen Richtung Verdun abzuziehen. In diesen allerdings sehr langsamen Abzug waren wie bei Spichern Einheiten der 1. Armee hineingestoßen, obwohl Moltke rein defensives Verhalten befohlen hatte. Nach blutigen Verlusten räumte Bazaine alle Stellungen östlich von Metz, um sich nach Westen abzusetzen.

Um der Rheinarmee diesen Weg abzuschneiden, stießen Teile der 1. und 2. Armee anschließend gegen Vionville/Mars-la-Tour vor, der Rest

Gotha. 7. Aug. 1870, Abends 7 Uhr. № 11.

Officielle
Kriegs-Nachrichten.

Mainz, Sonntag, 7. August, Vormitt. 9 Uhr. An General v. Hanenfeld sind nachfolgende Telegramme über das Gefecht bei Saarbrücken am 6. August eingegangen:

1) Heute von Mittag bis nach anbrechender Dunkelheit lebhaftes und sehr heftiges Gefecht zwischen Saarbrücken und Forbach. Die 14. Division engagirte das Gefecht, wurde dem sich verstärkenden Feinde gegenüber successive durch 3 Bataillone, 1 Batterie der 16. Division, 3 Bataillone, 2 Batterien und Kavallerie der 2. Armee unterstützt. Die Höhen von Spicheren, südlich des Exercierplatzes, wurden erstürmt, der Feind auf Forbach zurückgeworfen; — während dieser Zeit war die 13. Division über Völklingen vorgegangen, hatte Rosseln genommen und gegen Abend mit ihrer Tete Forbach erreicht. — General Francois todt, sehr viele Verwundete. Viele Gefangene von verschiedenen Regimentern des Frossard'schen Corps — Zahl noch nicht festzustellen. — Ich habe das Commando übernommen.

von Steinmetz.

2) Beide der ersten Armee gegen Corps Frossard im Gefecht — 5 Divisionen und Theile der 6ten in dasselbe eingegriffen — schwerer blutiger Kampf, Position der Franzosen bei Spicheren und auf dem Kreuzberge erstürmt — beim Einbruch der Dunkelheit der Sieg für uns vollständig entschieden.

Generallieutenant von Alvensleben
auf Befehl **von Werdy.**

Berlin, 7. August 1870.

Telegraphie des Norddeutschen Bundes.

Mitgetheilt durch Perthes' Buchdruckerei in Gotha.

Kriegsdepesche des Norddeutschen Bunds über die Gefechte bei Saarbrücken und Spichern am 6. August 1870.

Der Friedhof von St. Privat. Gemälde von Alphonse de Neuville, 1881. Das großformatige Gemälde stellt die Gefechte am 18. August 1870 im Friedhof von St. Privat dar. Beim zeitgenössischen französischen Publikum weckte es starke Gefühle. Neuville schrieb in einem Brief an den Kunstkritiker Gustave Goetschy 1881: »Ich möchte unsere Niederlagen so darstellen, dass das Ehrenhafte, das sich für uns daraus ergab, deutlich wird; ich glaube, dass ich damit unseren Soldaten und unseren Militärchefs Ehre erweise und ihnen Mut für die Zukunft gebe.«

Richtung Maas – gegen den Befehl Moltkes, der allerdings zu spät bei der Armeeführung eintraf. Dort kam es am 16. August erneut zur Schlacht: Obwohl die Hauptmasse der eigenen Armeen noch im Anmarsch war, griff das 3. Armeekorps eigenmächtig weit überlegene französische Einheiten an, um Bazaine festzuhalten. Die von Moltke angestrebte Umfassung kam aufgrund zu schwacher Kräfte jedoch nicht zustande. Im Gegenteil: Bazaine erkämpfte einen für beide Seiten verlustreichen Abwehrerfolg. Ein Sieg war das für ihn aber nicht, da die französischen Truppen erneut das Schlachtfeld verließen und Richtung Metz zurückmarschierten.

Bazaines Hoffnung, trotz aller Verluste eine erneute Defensivschlacht erfolgreich zu bestehen, den angreifenden Deutschen hohe Verluste zuzufügen und sich so vielleicht doch den Weg über Briey freizukämpfen, erfüllte sich nicht. Am 18. August gelang es Moltke nach einem risikoreichen Marsch in Bazaines Rücken erneut, die französische Rheinarmee bei Gravelotte / St. Privat zu schlagen. Nach blutigen Frontalangriffen und massivem Artillerieeinsatz sowie einer Umfassung des linken französischen Flügels zog Bazaine sich hinter die Mauern der Festung Metz zurück. Im Schutz der Festung sollten sich seine geschlagenen Truppen erholen und neu formieren. Diese vermeintliche

Sicherheit erwies sich bald als Trugschluss; der Rückzug wurde schließlich zum Alptraum, die Festung zur Todesfalle.

Und Moltke? Obwohl er sein eigentliches Ziel, die Umfassung und Vernichtung der Rheinarmee, nicht erreicht hatte, war es ihm gelungen, einen wichtigen ›Spieler‹ vom Feld zu nehmen. Die Einschließung der Rheinarmee in der Festung Metz band zwar erhebliche Kräfte, immerhin ca. 180 000 Mann. Für den weiteren Verlauf des Feldzuges waren die deutschen Truppen aber den restlichen französischen Einheiten nun zahlenmäßig eindeutig überlegen.

Während die 1. und 2. Armee Bazaines Rheinarmee innerhalb weniger Tage in Metz blockierten, verfolgten die neu gebildete Maasarmee unter Kronprinz Albert von Sachsen und die vom preußischen Kronprinzen geführte 3. Armee die Einheiten Mac-Mahons. Auf einer 70 Kilometer breiten Front drangen sie vor, um deren Rückzug nach Paris zu verhindern. Auf dem Marsch griffen sie, wenngleich erfolglos, die Festungen Verdun und Toul an (diese sollten erst nach dem Sieg bei Sedan fallen). Sie nahmen das von den Einwohnern freiwillig geöffnete Städtchen Bar-le-Duc ein, wehrten erste Franktireurangriffe ab, erreichten am 24. August das inzwischen geräumte Lager von Châlons und schließlich auch die alte französische Krönungsstadt Reims.

Mac-Mahon, der seine Armee in Châlons neu aufgestellt hatte, entschied sich auf Druck der Regierung schließlich, nicht nach Paris zu marschieren, um die Hauptstadt zu schützen, sondern in Richtung Metz, um Bazaine zu Hilfe zu eilen. Dieser Marsch zunächst nach Norden, dann nach Osten verlief aber dermaßen langsam, dass Moltke genügend Zeit hatte, um mit einem Rechtsschwenk der Maasarmee und der 3. Armee am 26. August seine Truppen so zu staffeln, dass eine Einkreisung möglich wurde. Es gehört zu den Ironien des Krieges, dass Informationen aus abgefangenen französischen Zeitungen Moltke bei seinen Entscheidungen unterstützten. »Mac-Mahon's Armee bei Reims versammelt. Kaiser Napoleon und Prinz bei Armee. Mac-Mahon sucht Vereinigung mit Bazaine zu gewinnen.«

Nachdem preußisch-sächsische Einheiten die Nachhut seiner Armee bei Beaumont am 30. August angegriffen und dieser schwere Verluste zugefügt hatten, änderte Mac-Mahon seine Pläne. Anstatt nach Metz zu marschieren, zog er sich auf das andere Maasufer in die alte Festung Sedan zurück. Dort wollte er seine geschlagenen Einheiten reorganisieren

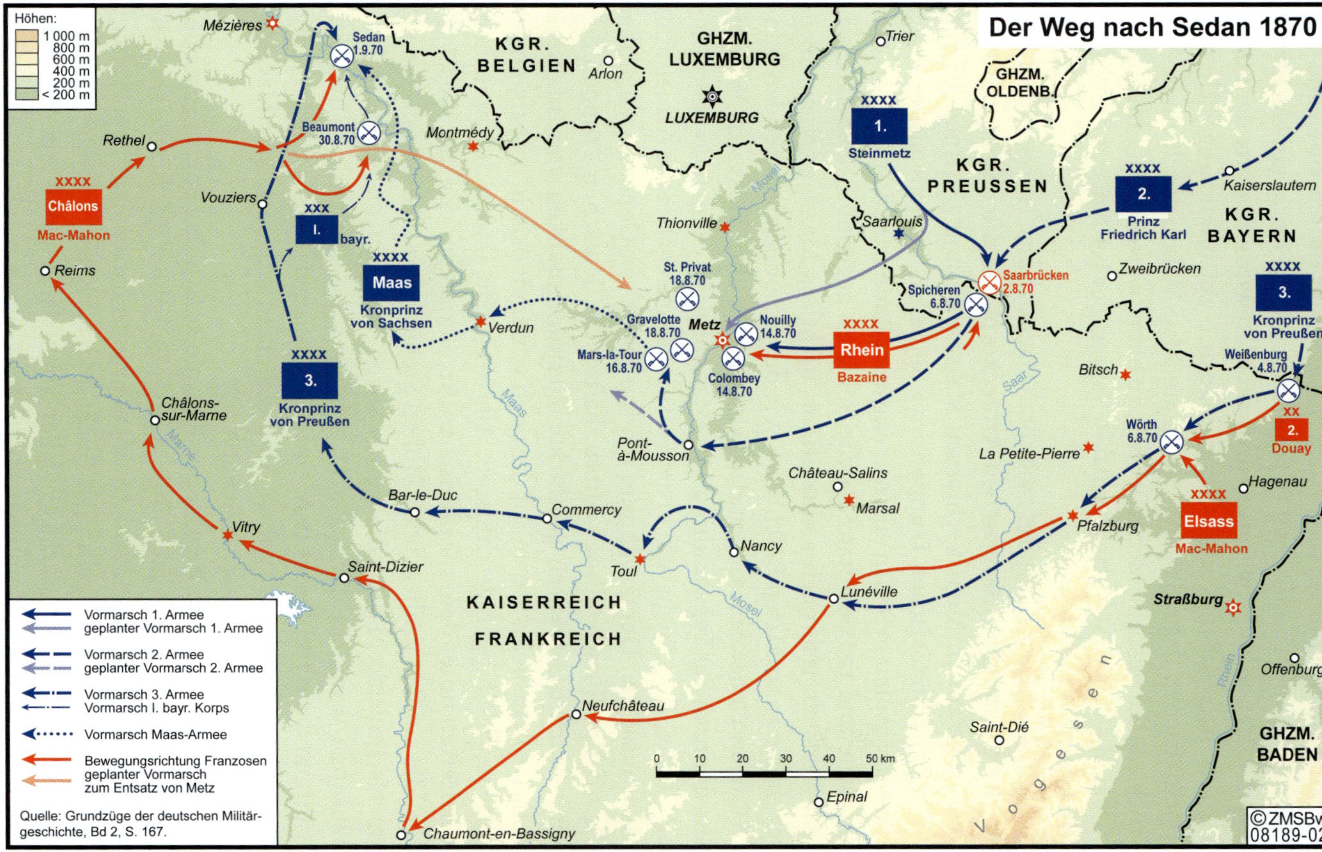
Der Weg nach Sedan 1870
Höhen:
1 000 m
800 m
600 m
400 m
200 m
< 200 m
KGR. BELGIEN
GHZM. LUXEMBURG
LUXEMBURG
GHZM. OLDENB.
KGR. PREUSSEN
KGR. BAYERN
KAISERREICH FRANKREICH
GHZM. BADEN
Mézières
Sedan 1.9.70
Beaumont 30.8.70
Montmédy
Arlon
Trier
Rethel
Vouziers
Reims
XXXX Châlons Mac-Mahon
XXX I. bayr.
XXXX Maas Kronprinz von Sachsen
XXXX 3. Kronprinz von Preußen
Verdun
Maas
Thionville
Mosel
Saarlouis
XXXX 1. Steinmetz
XXXX 2. Prinz Friedrich Karl
Kaiserslautern
Zweibrücken
Saarbrücken 2.8.70
Spicheren 6.8.70
St. Privat 18.8.70
Gravelotte 18.8.70
Metz
Nouilly 14.8.70
Colombey 14.8.70
Mars-la-Tour 16.8.70
XXXX Rhein Bazaine
XXXX 3. Kronprinz von Preußen
Weißenburg 4.8.70
XX 2. Douay
Bitsch
Saar
Wörth 6.8.70
La Petite-Pierre
Hagenau
XXXX Elsass Mac-Mahon
Pfalzburg
Pont-à-Mousson
Château-Salins
Marsal
Châlons-sur-Marne
Marne
Vitry
Saint-Dizier
Bar-le-Duc
Commercy
Toul
Nancy
Lunéville
Straßburg
Rhein
Offenburg
Neufchâteau
Saint-Dié
Vogesen
Epinal
Chaumont-en-Bassigny
0 10 20 30 40 50 km
Vormarsch 1. Armee
geplanter Vormarsch 1. Armee
Vormarsch 2. Armee
geplanter Vormarsch 2. Armee
Vormarsch 3. Armee
Vormarsch I. bayr. Korps
Vormarsch Maas-Armee
Bewegungsrichtung Franzosen
geplanter Vormarsch zum Entsatz von Metz
Quelle: Grundzüge der deutschen Militärgeschichte, Bd 2, S. 167.
© ZMSBw 08189-02

und mit Nachschub versorgen. Dass die Stadt taktisch eine Falle war, war auch dem französischen Befehlshaber klar: »Das ist ein Nachttopf, in den man von allen Seiten auf uns scheißen wird«, notierte der Führer des 1. französischen Korps, General Ducrot, zutreffend angesichts der topografischen Lage. Bazaines Versuche, Mac-Mahon durch einen Ausbruch aus der Festung Metz zur Hilfe zu eilen, waren bereits am 26. August und – erneut – am 31. August/1. September bei Noisseville fehlgeschlagen.

Nach schweren Kämpfen zwischen Mac-Mahons Truppen und Teilen des 1. Königlich-Bayerischen Armeekorps um die wichtigen Maasübergänge am 31. August schlossen Maasarmee und 3. Armee die verbliebenen französischen Truppen am 1. September in teilweise blutigen Häuserkämpfen in Sedan ein. Auf engstem Raum standen sich 200 000 deutsche und 120 000 französische Soldaten gegenüber. Der französische Versuch, sich noch rechtzeitig in Richtung Mézières abzusetzen, scheiterte an unklaren Befehlen sowie der Uneinigkeit unter den französischen Generalen. Gegen den Rat Ducrots entschloss sich Wimpffen, der nach der Verwundung Mac-Mahons das Kommando übernommen hatte, zum Ausharren in der Festung. Damit gab er die Armee zum ›Abschuss‹ frei. Denn während die französischen Generale noch über die richtige Entscheidung stritten, hatten die deutschen Truppen den Ring durch das taktisch geschickte Zusammenwirken von Infanterie und Artillerie beim Sturm auf die noch von französischen Truppen gehaltenen Stellungen geschlossen. Alle Versuche, ihn zu durchbrechen, scheiterten unter dem mörderischen Artilleriefeuer von 500 Geschützen, die auf den umliegenden Höhen Stellung bezogen hatten. Bereits am Nachmittag hissten die verbliebenen Truppen die weiße Fahne. Tausende waren in der Schlacht gefallen, und Tausende hatten sich während der Kämpfe ergeben. Unter den übrigen 83 000 Soldaten, die nun in Gefangenschaft gehen sollten, befand sich nicht nur Mac-Mahon, sondern auch Kaiser Napoleon III.

Vier Wochen nach Beginn der Kämpfe schien der Bewegungskrieg daher zu jenem siegreichen Ende geführt zu haben, das Moltke von Anfang an erhofft hatte. Auf relativ engem Raum hatten in dichter Abfolge neun Schlachten stattgefunden. Sucht man nach den besonderen Merkmalen des Bewegungskrieges, fallen mehrere Aspekte auf. Zunächst einmal zeigt das Zustandekommen der Gefechte einmal mehr, dass

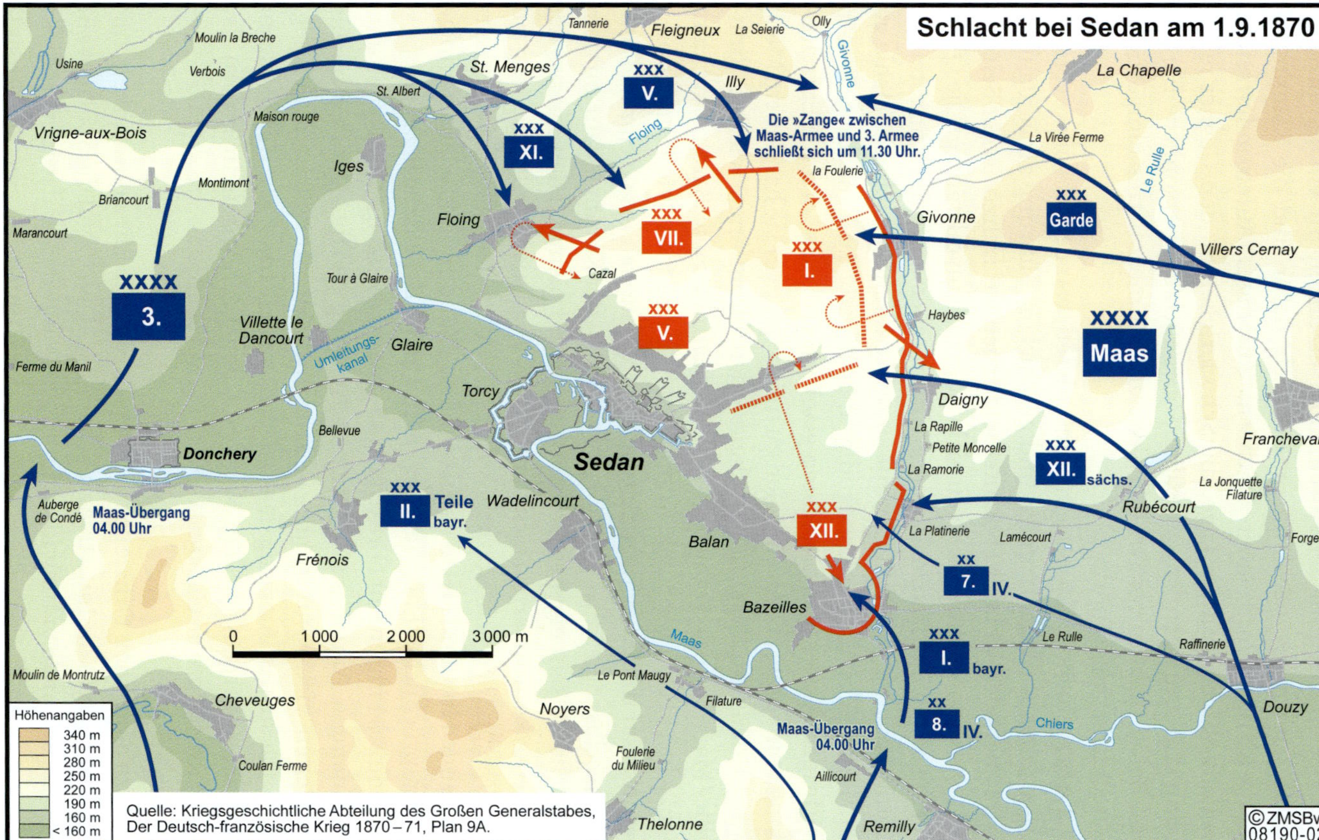

Schlacht bei Sedan am 1.9.1870
Die »Zange« zwischen Maas-Armee und 3. Armee schließt sich um 11.30 Uhr.
XXXX 3.
XXXX Maas
XXX Garde
XXX V.
XXX XI.
XXX XII. sächs.
XX 7. IV.
XXX I. bayr.
XX 8. IV.
XXX II. Teile bayr.
XXX VII.
XXX I.
XXX V.
XXX XII.
Maas-Übergang 04.00 Uhr
Maas-Übergang 04.00 Uhr
Sedan
Tannerie
Fleigneux
La Seierie
Olly
Givonne
La Chapelle
Moulin la Breche
Usine
Verbois
St. Menges
Illy
St. Albert
Maison rouge
Vrigne-aux-Bois
Floing
La Virée Ferme
Le Rulle
la Foulerie
Iges
Montimont
Briancourt
Marancourt
Givonne
Villers Cernay
Cazal
Tour à Glaire
Haybes
Villette le Dancourt
Glaire
Umleitungs-kanal
Ferme du Manil
Torcy
Daigny
La Rapille
Petite Moncelle
La Ramorie
Francheval
Bellevue
Donchery
La Jonquette Filature
Auberge de Condé
Wadelincourt
Rubécourt
La Platinerie
Lamécourt
Forges
Balan
Frénois
Bazeilles
Maas
Le Rulle
Raffinerie
0
1 000
2 000
3 000 m
Moulin de Montrutz
Le Pont Maugy
Cheveuges
Noyers
Filature
Douzy
Chiers
Höhenangaben
340 m
310 m
280 m
250 m
220 m
190 m
160 m
< 160 m
Coulan Ferme
Foulerie du Milieu
Aillicourt
Quelle: Kriegsgeschichtliche Abteilung des Großen Generalstabes, Der Deutsch-französische Krieg 1870 – 71, Plan 9A.
Thelonne
Remilly
©ZMSBw 08190-02

Feldzüge mit Beginn der Auseinandersetzungen im Voraus nicht im Detail geplant werden können. Beispiele dafür sind die Kämpfe bei Weißenburg, Wörth oder Spichern. Zufälliges Aufeinandertreffen, Fehleinschätzungen der Lage, die Schwierigkeiten, den Gegner rechtzeitig und umfassend auszuspähen, oder auch der persönliche Ehrgeiz von Befehlshabern vor Ort wie General Steinmetz hatten einige dieser Gefechte herbeigeführt.

Dass sie nicht in Katastrophen mündeten, war der schnellen Verstärkung durch weitere Truppen und geschickter Führung zu verdanken, hatte aber auch viel mit Fehlentscheidungen auf französischer Seite zu tun. Diese nutzte ihre Chancen nicht oder nur unvollständig. Die Oberbefehlshaber der französischen Armeen, aber auch die unterstellten Kommandeure waren bis auf die unterste Ebene gewohnt, Befehle zu erhalten, nicht aber, selbstständig und initiativ zu handeln. Selbst in wichtigen Phasen von Gefechten glaubten Offiziere, erst die Entscheidung von Vorgesetzten einholen zu müssen, bevor sie handelten. Meist war es dann zu spät. In entscheidenden Situationen wie bei Vionville/Mars-la-Tour verhielten sich Armeeführer wie Bazaine auf dem Schlachtfeld eher wie junge Kompaniechefs und nicht wie Truppenführer. Anstatt die Schlacht zu leiten, stürzten sie sich ins Getümmel und zogen selbst den Säbel. Die Folge war, dass jeder Kommandeur auf dem Schlachtfeld sein eigenes Gefecht führte und niemand den Einsatz der Reserven koordinierte. Auch der Einfluss von Kaiser und Regierung auf die Operationen war letztlich verhängnisvoll, wie das mehrfache, zeitraubende Hin- und Hermarschieren Mac-Mahons und Bazaines infolge widersprüchlicher Entscheidungen im Laufe des Feldzuges zeigte.

Moltkes Führen mit Direktiven, so scheint es, hat insofern einen entscheidenden Anteil am siegreichen Ausgang gehabt. Darüber hinaus handelten viele Unterführer in kritischen Situationen selbstständig, wodurch sie den Ausgang des Gefechts entschieden. Ein französischer Offizier erklärte nach dem Krieg vor den Lehrgangsteilnehmern der *École Supérieure de Guerre*:

> Den deutschen Offizieren gemeinsam war die Entschlossenheit, mit allen Mitteln die Initiative zu behalten […], während die Soldaten zur Hingabe und zur Individualität angeregt wurden und jeder verpflichtet war, zu denken, die Dinge zu prüfen und seine eigenen Vorstel-

lungen auszubilden [...]. Die Unteroffiziere waren das Rückgrat der preußischen Truppen [...] wertvolle Stützen der Offiziere. Ihre besonderen Aufgaben, gestützt von einer in anderen Heeren unbekannten Achtung, sicherten ihnen eine ehrenhafte und beneidete Position. Die preußische Armee war stolz auf sie.

So richtig wie dieses Urteil ist allerdings auch die Tatsache, dass manche kritische Situation durch selbstständige Entscheidungen der Unterführer überhaupt erst entstanden ist. Nicht umsonst mahnte Schlieffen später: »Wenn man die Ereignisse von 1870 verfolgt, stößt man Schritt für Schritt auf Fehler der Unterführer.«

Auffallend ist zugleich der große Umfang der eingesetzten Truppen, die auf engstem Raum und höchst unterschiedlichem Terrain – auf offenem Gelände, auf Anhöhen und in Ortschaften – gegeneinander kämpften. Rein zahlenmäßig waren Preußen und seine Verbündeten den Truppen Napoleons III. überlegen. Doch keineswegs alle Schlachten wurden aufgrund numerischer Überlegenheit gewonnen. Im Gegenteil: Allein bei Wörth, Beaumont und Sedan hatten die deutschen Truppen mehr Soldaten; an anderen Orten waren sie unterlegen, oder Verstärkungen mussten erst herangeführt werden. Damit verknüpft ist die hohe Zahl an Verlusten – Gefallenen, Verwundeten und Vermissten, aber ebenso an Gefangenen auf beiden Seiten. Die höheren Verluste auf deutscher Seite zeigen allerdings, dass die Erfolge auch das Ergebnis des rücksichtslosen Einsatzes der Truppen waren.

Die zahlreichen Gefallenen und Verwundeten werfen zugleich ein Schlaglicht auf die enorm gesteigerte Feuerkraft neuer Waffen. Beispiele dafür sind der Kampf der Infanterie, der Einsatz großer Kavallerieverbände und die Rolle der Artillerie. Gleich zu Beginn des Krieges wurde deutlich, dass die Zeit der Frontalangriffe vorbei war. Wo immer deutsche Truppen in dieser Form angriffen, erlitten sie hohe Verluste. Das Chassepot-Gewehr mit seiner größeren Reichweite, aber auch die Mitrailleusen wüteten furchtbar unter den angreifenden Kolonnen bei Weißenburg, Wörth und Gravelotte/St. Privat. »In Garben sanken sie dahin, die großen schönen Gardeleute [...] Oben auf der Höhe von St. Privat aber standen die französischen Offiziere [...] und folgten kopfschüttelnd, in Tränen und in Bewunderung dem großartigen Schauspiele«, hieß es in einem von Theodor Fontane zitierten Bericht

Übersicht der Verluste im Deutsch-Französischen Krieg

	Gesamtstärke	Gefallene	Verwundete	Vermisste	Gefangene
Weißenburg, 4. August 1870	dt. 60 000 frz. 8000	274 2300* * (Gefallene, Verwundete, Vermisste)	1186	91	n. b.
Wörth 6. August 1870	dt. 82 000 frz. 41 000	1589 11 000* * (Gefallene, Verwundete, Vermisste)	7680	1373	n. b. 9000
Spichern 6. August 1870	dt. 45 000 frz. 30 041	843 1162	3656 5322	372 2464	n. b. n. b.
Colombey-Nouilly 14. August 1870	dt. 67 390 frz. 83 000	1189 405	3590 2530	127 679	n. b. n. b.
Vionville / Mars-la-Tour 16. August 1870	dt. 77 417 frz. 110 000	4421 2588	10 402 18 437	967 9720	n. b. n. b.
Gravelotte / St. Privat 18. August 1870	dt. 203 402 frz. 112 800	5237 2287	14 429 13 897	493 9307	n. b. n. b.
Beaumont 30. August 1870	dt. n. b. frz. n. b.	665 215	2682 538	182 374	n. b.
Sedan 1. September 1870	dt. 200 000 frz. 120 000	2319 3000	5894 14 000	702	n. b. 107 000

des Regiments nach einem derartigen verlustreichen Angriff bei Mars-la-Tour/St. Privat. »Unsere schöne, brave Armee!«, klagte ein Generalstabsoffizier. »Viel solcher Siege und sie ist nicht mehr.« Allein das formale Binden des Feindes, erfolgreiche Angriffe in die Flanke oder der Einsatz der eigenen Artillerie, aber auch taktische Fehler und Unentschlossenheit auf französischer Seite entschieden den Ausgang der jeweiligen Schlacht zugunsten der deutschen Truppen schließlich trotz der ungeheuren Verluste.

Bei Wörth wie auch bei Vionville/Mars-la-Tour und schließlich bei Sedan versuchten beide Seiten, in kritischen Situationen mithilfe der Kavallerie das Blatt zu ihren Gunsten zu wenden. So sehr die Reitergefechte Tausender Kavalleristen oder die todesmutigen Angriffe gegen vorrückende Infanterie von Zeitgenossen verklärt wurden – die Erfolge dieses Einsatzes von Kürassieren, Ulanen und Husaren waren ungeachtet hoher Verluste gering. Gegen gezieltes Artillerie- und Infanteriefeuer konnten auch heroische Attacken wie die der französischen Brigade Michel bei Wörth wenig ausrichten.

> Es war ein großartiger Anblick, als die blanken Panzergeschwader zwischen den Waldpartien glänzend hervorbrachen; sie kamen wie ein Gewittersturm; die Erde dröhnte. Als sie bis auf 250 Schritt heran waren, rollten von drei Seiten her die Salven, und wie über den Tisch gefächerte Karten sanken die vordersten Glieder Mann an Mann. An anderen Stellen lagen sie wie ein wirrer Knäuel von Mann und Ross. Gestürzte Reiter hier, ledige Pferde dort liefen über das Feld hin. Der Rest sprengte in wilder Flucht zurück. Zwei Regimenter auseinandergefegt wie Spreu,

Im Auftrag der regierungsnahen Königlichen Geheimen Ober-Hofbuchdruckerei zu Berlin legte der Schriftsteller Theodor Fontane (1819–1898) ein voluminöses Werk zum Deutsch-Französischen Krieg vor. Digital koloriertes Foto von 1879.

berichtete Theodor Fontane nach der Schlacht, in der französische Kürassiere und Ulanen vergeblich versucht hatten, die Umfassung des eigenen rechten Flügels zu verhindern. Ähnlich erfolglos war auch der Angriff französischer Kavallerie bei Sedan. Beim Versuch, die Einschließung zu durchbrechen, fielen drei Generale an der Spitze ihrer Einheiten, nachdem sie drei vergebliche

Attacken geritten hatten. »Die Infanterie hält still, bis die Reiter auf 50 Schritt herangekommen sind«, berichtete ein Reporter der *Berliner Zeitung* über die Ereignisse am 1. September,

> dann ein furchtbares Feuer und die Reiterei macht kehrt. Noch einmal unternimmt sie den Versuch mit gleichem Erfolge, aber beim dritten Mal ist sie so zusammengeschmolzen, dass sie außerstande ist, wieder nahe heranzukommen, und nun wütet die Artillerie in den Reihen der Flüchtigen, deren Leiber, von Mann und Ross, die Erde bedecken.

Ein Kennzeichen der Kämpfe waren auch die ungeheuren Zerstörungen: Weißenburg, das Dorf Fröschweiler, in dem die heftigsten Kämpfe in der Schlacht von Wörth stattgefunden hatten, St. Privat oder auch Sedan lagen weitgehend in Trümmern. Wie eng Kampf, Tod und Zerstörung zusammenhingen, beschrieb der spätere »Held von Tannenberg« und Reichspräsident Paul von Hindenburg in einem Brief, den er als junger Leutnant nach der Schlacht bei Gravelotte/St. Privat an seine Eltern schickte: »Der Kampf im Dorf mit Bajonett und Kolben am Abend war entsetzlich, Haufen von Leichen, das Ganze in Flammen und rasende Wut auf beiden Seiten.«

Die hier beschriebene »rasende Wut« drückte sich auch in einer Verrohung des Krieges aus. Diese war nicht erst ein Kennzeichen des späteren Kampfes gegen die gefürchteten Franktireurs. Ein Offizier beschrieb die Grausamkeit des Krieges für die Zivilbevölkerung bereits in der Anfangsphase in einem Brief an seine Frau:

> Dann denkt man an die alten Weiber, die gleich Hexen auf dem Schlachtfelde ihr Wesen trieben. In dem Örtchen, in welchem ich nach der Schlacht nächtigte, hing über dem Tore ein Einwohner, der einen verwundeten Offizier erschossen hatte; General Voights-Rhetz ließ gestern ein Weib aufhängen, das dabei getroffen wurde, wie es einem verwundeten Offizier den Hals abschnitt; wir ließen vorgestern einen Mann hängen, der Ähnliches getan hatte.

Nicht nur die nachträglichen Hinrichtungen blieben im Gedächtnis, auch die Grausamkeiten auf beiden Seiten während der Schlacht, etwa bei Bazeilles am 1. September. »Jeder wollte Rache nehmen«, hieß es in

Schlacht bei Sedan am 1. September 1870. Gemälde von Eugen Adam, 1877. Der Orts- und Häuserkampf von Bazeilles war noch viele Jahre später Thema einer Auseinandersetzung um Fragen der Recht- und Verhältnismäßigkeit der Kriegführung.

den Erinnerungen eines Bayern, der als junger Leutnant im Königlich-Bayerischen Leibregiment an diesen Kämpfen um jedes Haus teilgenommen hatte:

> Vom Keller herauf [kam] ein Zivilist, der durch die Hintertüre und den Hof entfliehen wollte. Beinah wäre er unbemerkt geblieben, als er gepackt und festgehalten wurde. Nun brach ein Gezeter, ein Schwall von Worten los. Der Schurke beteuerte aufs Heiligste seine Unschuld und hatte in der Aufregung noch das Gewehr in der Hand, dessen Lauf noch ganz warm war. Mit dem Halunken wurde kurzer Prozess gemacht. Ein Landsmann von mir setzte das Gewehr an – ein Knall – und der Schuft lag in seinem Blute.

Nach französischen Berichten sollen bei den zeitweilig stark dramatisierten Kämpfen in Bazeilles 39 Zivilisten zu Tode gekommen sein.

Letztlich waren dies Einzelfälle, doch sie warfen einen Schatten voraus auf die später viel heftigeren Kämpfen mit den Franktireurs.

Nicht vergessen werden sollten die massenhaften Plünderungen. Vor allem die französische Armee litt unter enormen Versorgungsschwierigkeiten. Die Zusage des Kriegsministers zu Beginn des Krieges, dass Frankreich bereit sei und die Armee nicht einen einzigen Gamaschenknopf werde kaufen müssen, da alles im Überfluss vorhanden sei, hatte sich bereits binnen Tagen als großspurige Selbstüber- und katastrophale Fehleinschätzung erwiesen. Die Soldaten waren vielmehr von Anfang an auf Unterstützung durch die Bevölkerung angewiesen; in vielen Fällen halfen sie sich bald selbst, um nicht zu verhungern oder zu verdursten. Aber auch deutsche Truppen plünderten. So stürmten bayerische Einheiten nach den Kämpfen bei Wörth die Keller von Fröschweiler. Ob sie später, wie der Ortschronist in seiner berühmten *Fröschweiler Chronik* berichtete, tatsächlich alles zurückgegeben oder bezahlt haben, ist schwer zu sagen.

Am Schlimmsten war jedoch das massenhafte, furchtbare Sterben. Der Kriegskorrespondent der Londoner *Times*, William Howard Russell, schrieb am 2. September nach einem Gang über das Schlachtfeld von Sedan:

> Mögen Sie sich Massen gefärbter, mit Blut und Gehirn zusammengeleimter, und in sonderbare Formen durch Knochenstücke gebrachter Fetzen vorstellen; mögen Sie sich Leiber ohne Köpfe, Beine ohne Leiber, Haufen menschlicher, an rotem und blauem Tuch, klebende Eingeweide und ausgeweidete Leiber in Uniformen, in allen Lagen umherliegende Körper mit zerschmetterten Schädeln, weggerissenen Gesichtern, zerschmetterten Hüften, Knochen, Fleisch und bunten Anzügen, alles wie in einem Mörser zusammengestampft, sich meilenweit ausdehnendes, nirgends sehr dicht, aber immerfort, auf ermüdende Stunden wiederkehrend, denken, und dann können Sie sich bei der lebhaftesten Einbildungskraft doch die entsetzliche Wirklichkeit dieser Schlägerei nicht vergegenwärtigen.

Ein weiteres Kennzeichen dieser ersten Phase des Krieges waren auch die Wechselwirkungen zwischen den Ereignissen an der Front und in der Heimat. Beide Seiten standen unter Erfolgsdruck, in beiden Ländern sollte der Verlauf der Kämpfe sich auf Politik und Gesellschaft auswirken. Gleichermaßen hatten aber auch politische Überlegungen Einfluss auf das militärische Geschehen.

Am größten war der Erfolgsdruck auf französischer Seite. Schließlich hatte Frankreich Preußen den Krieg erklärt. Obwohl Napoleon III. innerlich bezweifelte, ob die Armee siegreich sein werde, hatte er in einem Tagesbefehl versucht, Zuversicht zu verbreiten: »Welches auch der Weg sein mag, den wir jenseits der Grenzen nehmen werden – wir werden auf ihm die ruhmvollen Spuren unserer Väter finden«, hieß es darin. Wie erwähnt hatte er seine Armee daher auch »Rheinarmee« genannt. Von einem siegreichen Vorgehen jenseits der eigenen Grenzen konnte jedoch bereits in den ersten Kriegstagen keine Rede mehr sein. Nach den Niederlagen bei Weißenburg, Wörth und Spichern hatte Napoleon III. die Rheinarmee vielmehr teilen müssen, damit sie angesichts der räumlichen Trennung – die Truppen Mac-Mahons befanden sich im Elsass und die Bazaines in Lothringen – überhaupt führbar blieb. Am 12. August musste er unter dem massiven Druck nicht zuletzt seiner

In Planwagen werden die Leichen abtransportiert. Das Schlachtfeld bei Sedan an der Chaussee oberhalb Givonne am Abend des 1. September 1870. Holzstich, *Illustrirte Kriegs-Chronik* 1870/71.

Ehefrau, die als Regentin in Paris die Stellung hielt, und der Generale die Führung der Armee an Bazaine abgeben. Militärisch vernünftige Überlegungen, nach den Niederlagen der Rheinarmee Mitte August mit den Truppen Mac-Mahons von Châlons nach Paris zu marschieren, um die Hauptstadt zu schützen oder gar über einen schnellen Frieden nachzudenken, setzten sich nicht durch, da der Sturz des Regimes dann unausweichlich gewesen wäre.

Gleiches gilt für Mac-Mahons Versuch, einer Konfrontation mit den deutschen Armeen in den Argonnen im letzten Moment durch Rückzug nach Paris auszuweichen. Dies würde Revolution bedeuten, mahnte die Regierung in Paris. Sie ließ Mac-Mahon stattdessen lieber einer möglichen Katastrophe entgegenmarschieren. Napoleon, der bei seiner Armee war, griff in deren Führung nicht ein, wohl wissend, dass auf ihn sowieso niemand mehr hören würde. Aber auch Mac-Mahon war weder bereit noch in der Lage, die notwendige Verantwortung für unpopuläre, wenngleich militärisch gebotene Entscheidungen zu übernehmen. Wie gering die Autorität des Kaisers in den großen wie auch den kleinen Fragen war, zeigt der Umstand, dass ihm die Soldaten vielfach offen mit Verachtung begegneten: Als er nach den Niederlagen im Elsass in Châlons eintraf, hießen ihn Gardekavalleristen spöttisch mit dem römischen Zitat *Ave, Caesar, morituri te salutant!* (›Sei gegrüßt, Caesar [= Kaiser], die dem Tod Geweihten grüßen dich!‹) willkommen. Andere quittierten die Aufforderung, dem Kaiser zuzujubeln, mit unflätigen Worten, ohne dass die anwesenden Offiziere einschritten.

Doch nicht nur die militärische Autorität des Kaisers litt unter diesen Niederlagen; auch sein Regime geriet bereits in den ersten Augusttagen ins Wanken. Am 9. August trat nach stürmischen Auseinandersetzungen im Parlament und Demonstrationen auf der Straße die liberale Regierung unter Émile Ollivier zurück. An seine Stelle trat ein General, Charles Cousin-Montauban de Palikao. Damit wollte die Kaiserin Stärke demonstrieren. Die notwendigen Siege, die das Regime durch einen Ruck nach rechts hätten stabilisieren können, blieben jedoch aus.

Ganz anders sah die Lage auf der gegenüberlegenden Seite des Rheins aus. So groß angesichts der angeblichen Stärke der französischen Armee bei manchen die Skepsis war, so groß das Misstrauen zwischen Preußen und seinen Verbündeten auch gewesen sein mag – bereits die ersten Siege hoben die Stimmung. Dies betraf zunächst die Bevölkerung. »Der

Napoleon III. auf dem Schlachtfeld von Sedan. Gemälde von Wilhelm Camphausen, 1877. Der französische Kaiser sitzt bedrückt auf seinem Pferd Phoebus. Der Feldstecher steckt im Sattelknauf. Er wird nicht mehr gebraucht. Am 2. September begab Napoleon sich in deutsche Kriegsgefangenschaft.

Eindruck der glänzenden Waffentaten bei Weißenburg, Wörth und Saarbrücken-Forbach ist ein außerordentlicher«, hieß es in einem Bericht des württembergischen Gesandten aus Berlin am 8. August, »und nicht zum geringsten trägt zu dem allgemeinen und lauten Jubel der Umstand bei, dass es gerade die Armee des Kronprinzen ist, die in Gemeinschaft mit süddeutschen Truppen die ersten Siege erfochten hat.«

Auch das Vertrauen der Truppen zueinander, die vier Jahre zuvor noch Gegner gewesen waren, wuchs. Symptomatisch sind die Äußerungen eines kurhessischen Infanteristen nach der Schlacht von Wörth, die schon Zeitgenossen zur eigentlichen Geburtsstunde des Deutschen Reiches verklärten. Mit dem Blut der deutschen »Stämme« sei dort der »Kitt« für das gemeinsame Vaterland angerührt worden: »Nie werde ich den Abend dieser ersten Feuertaufe vergessen«, schrieb er. »Die Flammen der brennenden Dörfer beleuchteten schaurig schön das Schlachtfeld, eine Regimentsmusik begann die ›Wacht am Rhein‹ zu spielen, worauf andere folgten, um mit der Nationalhymne und dem Gebet zu schließen.«

Verantwortlich für diese Erfolge und den Optimismus war nicht zuletzt die andere Art der Kriegführung. Keine Frage, Moltke hat sich entgegen mancher Legenden seine Stellung gegenüber den fürstlichen Armeeführern, aber auch gegenüber Generalen der ›alten‹ Schule wie Steinmetz nicht zuletzt vor dem Hintergrund erheblicher Verluste in den Grenzschlachten anfänglich mühsam erkämpfen müssen. Vor Ort verfügte er jedoch im taktischen Bereich über jahrelang geschulte Generalstabsoffiziere, die ihm halfen, alle Schwierigkeiten bei der Lagebeurteilung sowie der Lenkung und Versorgung der Truppen zu bewältigen. Dieser Vorteil bei der Führung der Operationen hätte im Endeffekt jedoch wenig bedeutet, wenn die deutsche Artillerie nicht durch ihre technischen Leistungen und ihren taktischen Einsatz auf dem Gefechtsfeld die Unterlegenheit der Infanterie ausgeglichen hätte. Durch gezieltes Feuer zerschlug sie nicht nur die französische Artillerie, sondern brachte auch die französischen Infanterieangriffe durch ihr mörderisches Feuer zum Stehen. Ob diese Erfolge aber ausreichen würden, die Krieg zu beenden, musste sich noch erweisen.

↗ Moltke mit seinem Stabe vor Paris, 19. September 1870. Gemälde von Anton von Werner, 1873. Moltke überblickt das Seine-Becken. Am rechten Bildrand errichten Soldaten eine Telegrafenleitung. Dank moderner Technik kann Moltke das Kriegsgeschehen auch dort lenken, wo er den Einsatzraum nicht mehr selbst überblickt.

5 Sieg – aber kein Ende des Krieges

Auf nach Paris: Belagerungen und Gefechte

»Eigentlich müsste der Krieg aus sein«, hieß es in einem Brief Moltkes an seinen Bruder vom 11. September 1870. Die Nationalgarden in Paris könnten sich wohl »hinter Wall und Graben« verteidigen, »aber niemals wagen [...] herauszutreten, um im freien Felde gegen unsere Leute zu schlagen«. Auf den ersten Blick schien Moltkes Zuversicht begründet. Annähernd 100 000 französische Soldaten waren bei Sedan gefallen oder in Gefangenschaft geraten. Eine weitere Armee war in Metz eingeschlossen und würde schwerlich noch einmal eine Rolle im weiteren Verlauf des Krieges spielen können. Aber Sedan war dann doch nicht vergleichbar mit Königgrätz 1866, wo sich im eigenen Lager wie auch beim geschlagenen Gegner schnell diejenigen durchgesetzt hatten, die einen schnellen Frieden einem langen, verlustreichen Krieg vorzogen. Im Gegenteil, die Niederlage der Armeen Napoleons III. erwies sich innerhalb von Tagen als Beginn einer neuen Phase des Krieges: Der Kabinettskrieg entwickelte sich zum Volkskrieg.

In einer Denkschrift von 1867 hatte Moltke dies vorausgesehen: »Eine auf französischem Boden verlorene Schlacht würde Frankreich nimmer zum Frieden bestimmen, sondern bei dem Patriotismus der Nation zur Aufbringung aller Kräfte des an Hilfsmitteln so reichen Landes.« In der konkreten Situation wollte Moltke die Hoffnung, dass sich die Lage doch anders entwickeln würde, dann wohl nicht aufgeben – musste es schließlich aber einsehen. Die Niederlage hatte am 4. September in Paris zu Unruhen geführt, an deren Ende das Kaiserreich gestürzt und die Republik ausgerufen worden war. Eine Koalition aus radikalen Linken und gemäßigten Liberalen, aber auch ehemaligen Bonapartisten bildete eine provisorische Regierung, die den Krieg weiterführen oder ihn ehrenhaft beenden wollte.

Um ihren Willen zu unterstreichen, das Land und die Ehre Frankreichs zu verteidigen, verkündeten die Revolutionäre die *Levée en masse*, die allgemeine Volksbewaffnung. »Bürger!«, hieß es in Anlehnung an

Nach der militärischen Niederlage Napoleons rufen republikanisch gesinnte Mitglieder der politischen Elite des Zweiten Kaiserreichs am 4. September 1870 die Dritte Republik aus. Zeitgenössischer Holzstich. Auf den Stufen vor dem Palais Bourbon, Sitz der französischen Nationalversammlung, steht Léon Gambetta (1838–1882), der erste Innenminister der Republik.

1792, als schon einmal Revolutionäre angesichts der Bedrohung von außen das Volk zu den Waffen gerufen hatte, um die alten Mächte aufzuhalten, »Bewacht die Stadt, die euch anvertraut worden ist; morgen werdet ihr mit der Armee die Rächer des Vaterlandes sein.« Frankreichs Nationaldichter, Victor Hugo, unterstützte die Revolutionäre mit leidenschaftlichen Aufrufen, beispielsweise am 7. September 1870:

> Paris retten, heißt nicht Frankreich allein, sondern die Welt retten. Paris ist der Mittelpunkt der Menschheit, Paris ist eine heilige Stadt. Wer Paris angreift, greift das ganze Menschengeschlecht an [...] Bürger, Paris wird triumphieren, weil es die menschliche Idee und den Volkswillen repräsentiert.

Die Illusion, die Preußen würden, so ein Zeitzeuge, wie einst 1792 »bei dem einzigen Wort ›Republik‹ entsetzt stille stehen«, verflog jedoch innerhalb von Stunden.

Trotz des Sieges bei Sedan ging der Krieg weiter, denn Frankreich war keineswegs geschlagen. Als führende Industriemacht besaß es große Ressourcen. Zudem beherrschte die französische Marine die Seewege und sicherte damit die Zufuhr von Rohstoffen wie auch Waffen aus dem Ausland.

Aus militärischer Sicht musste das deutsche Heer nun drei Aufgaben lösen: Erstens die Eroberung der belagerten Festungen, die an wichtigen Verbindungslinien lagen oder durch ihre starke Besatzung eine erhebliche Bedrohung im eigenen Rücken darstellten, falls den Franzosen ein Ausbruch gelang. Zweitens galt es, die neuen Armeen zu schlagen, die die provisorische Regierung aufstellen und gegen die Deutschen ins Feld schicken würde. Drittens musste schließlich Paris belagert und zur Kapitulation gezwungen werden.

Seit der Zeit Ludwigs XIV. schützte ein Gürtel von Festungen die Ost- und Nordgrenzen sowie wichtige strategische Punkte Frankreichs. Obwohl diese zumeist in keinem guten Zustand waren, bildeten sie für den weiteren Verlauf des Krieges militärische Hindernisse, die es zu überwinden galt. Um die Nachschubwege für die nach Paris marschierenden Armeen zu sichern, versuchten deutsche Truppen daher, so schnell wie möglich Toul einzunehmen. Diese Festung lag an einer strategisch wichtigen Eisenbahnlinie zwischen den Rheinlanden und Paris.

Operationen nach der Sedan-Schlacht

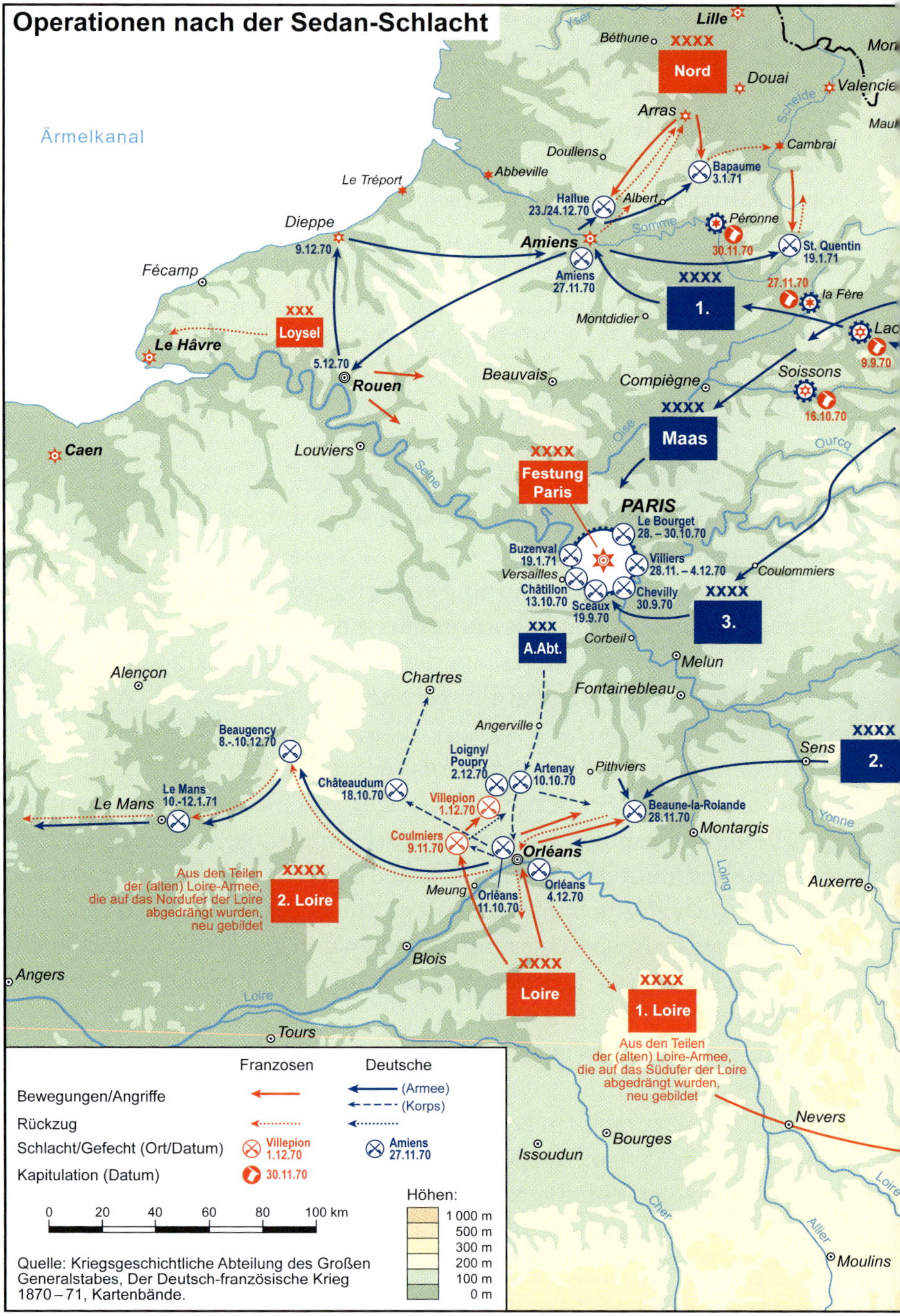

Quelle: Kriegsgeschichtliche Abteilung des Großen Generalstabes, Der Deutsch-französische Krieg 1870–71, Kartenbände.

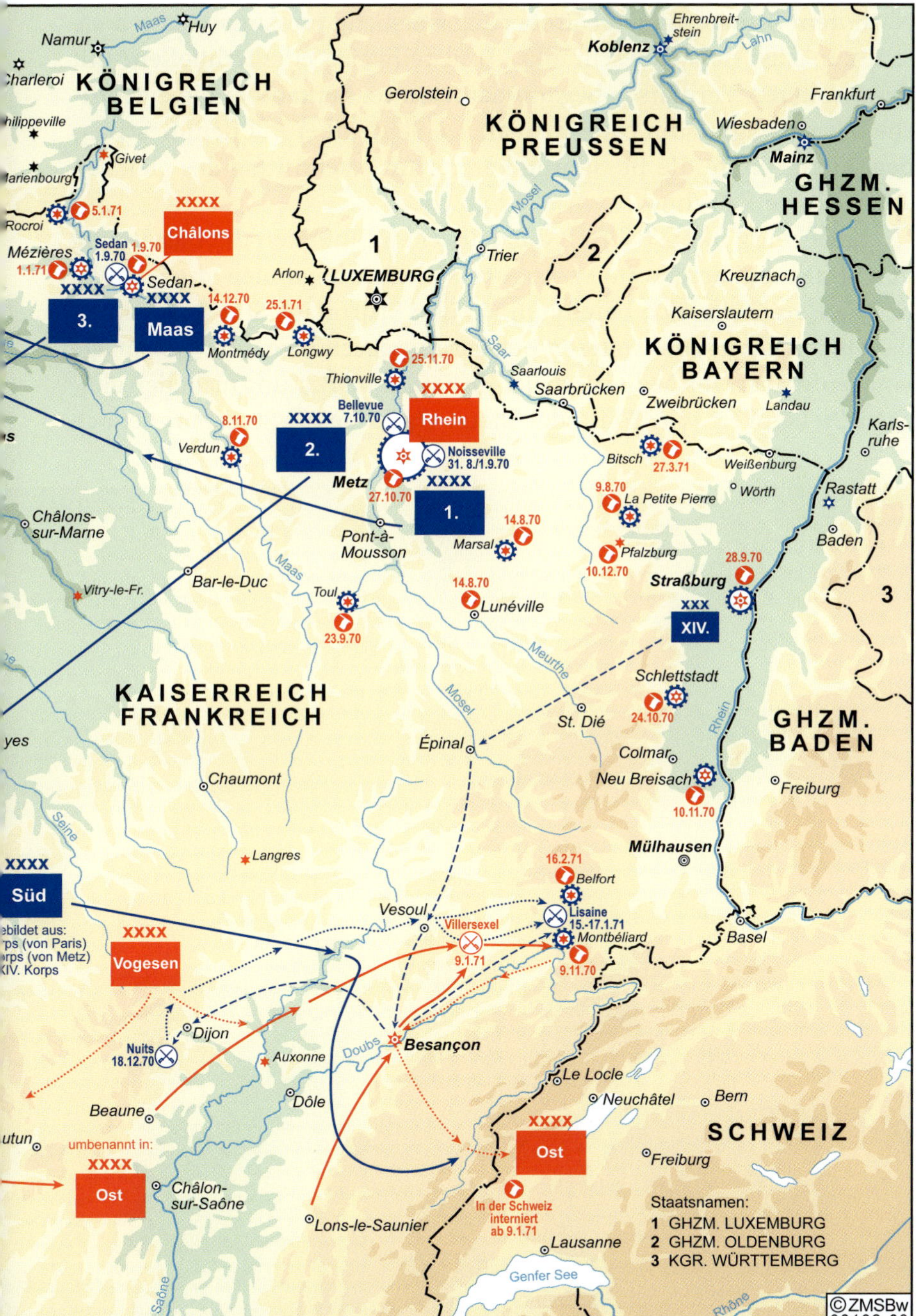
KÖNIGREICH BELGIEN
KÖNIGREICH PREUSSEN
GHZM. HESSEN
KÖNIGREICH BAYERN
KAISERREICH FRANKREICH
GHZM. BADEN
SCHWEIZ
LUXEMBURG
Chálons
Rhein
Vogesen
Ost
umbenannt in:
Süd
In der Schweiz interniert ab 9.1.71
Staatsnamen:
1 GHZM. LUXEMBURG
2 GHZM. OLDENBURG
3 KGR. WÜRTTEMBERG
©ZMSBw 08192-03

Nach dem Scheitern erster Eroberungsversuche im August hatten sie sich zunächst darauf beschränkt, Toul teilweise einzuschließen. Mit dem weiteren Vormarsch begann dann am 10. September die eigentliche Belagerung. Kaum hatte man am 23. September mit dem Beschuss begonnen, hisste die Besatzung bereits am Nachmittag des gleichen Tages die weiße Fahne.

Gleichzeitig intensivierten die deutschen Einheiten die Belagerung von Straßburg. Bereits am 27. August hatten sie begonnen, die Stadt zu beschießen. Zeitgleich bereiteten sie den Sturm auf Straßburg durch das Heranführen von weiteren Belagerungsgeschützen und die Anlage von Laufgräben vor. Militärisch hatten Stadt und Festung nicht den gleichen Stellenwert wie Toul oder Metz. Dafür besaß Straßburg jedoch

eine große politische Bedeutung, zumal nach dem Sieg bei Sedan. Um die Forderung nach der Rückgabe des Elsass zu unterstreichen, musste dieser Sieg, das betonte bereits Theodor Fontane, »tatsächlich in unseren Händen sein; nicht nur das offene Land, sondern auch seine Festungen, vor allem seine Hauptstadt: Straßburg.« Trotz einer Besatzung von immerhin 15 840 Mann und ausreichend Proviant musste sich Straßburg am 27. September ergeben. 202 000 Granaten hatte die herbeigeführte Artillerie bis dahin auf die Stadt verschossen. Die Folgen waren furchtbar, wie das Tagebuch eines Einwohners belegt:

> Fast 8000 Einwohner waren obdachlos, von milden Gaben lebend, geflüchtet in die Kirchen und Schulen, in Löcher am Fuße der Wälle,

Flüchtende Elsässer bei der Belagerung Straßburgs 1870. Das Leid der Zivilbevölkerung steht im Zentrum dieses Gemäldes von Josef Wopfner, das auf der Wiener Weltausstellung 1873 gezeigt wurde. Evakuierte blicken auf die brennende Stadt, die von Deutschen beschossen wurde.

> in Bretterhütten auf den Staden oder auf den Leinpfaden. Fünfhundert Häuser waren abgebrannt, eingestürzt, zerstört. Die schönsten Straßen, die volkreichsten Stadtteile: Ruinen! Die Kunstschätze, die wissenschaftlichen Sammlungen, Meister- und Kunstwerke, was waren sie noch? Schutt- und Steinhaufen, verkohlte Balken, krummgebogene Eisen, Trümmer, Splitter, Asche.

Die bedeutendste Festung, die es vor dem Angriff auf Paris einzunehmen galt, war Metz. Eigentlich hatte Moltke gehofft, dass sich die Stadt nach dem Sieg bei Sedan angesichts der aus seiner Sicht aussichtslosen Lage ergeben würde. Anders als bei Toul oder auch Straßburg kam eine Erstürmung der Stadt nicht infrage. Dazu waren die Befestigungen doch zu stark, und mit den Resten der Rheinarmee verfügte Bazaine auch über eine Truppe von ca. 180 000 Soldaten. Alle Verhandlungen über eine Übergabe scheiterten jedoch. Ende September/Anfang Oktober unternahm Bazaine sogar mehrere Ausbruchsversuche. Sie waren allerdings eher halbherzig und dienten in erster Linie dazu, Proviant zur Versorgung von Truppe und Bevölkerung zu beschaffen. Im Übrigen beschränkte er sich darauf, die Belagerer von Metz, deren Zahl zeitweilig bis zu 250 000 Soldaten betrug, bis sie schließlich auf ca. 172 000 sank, mit seiner Artillerie in Atem zu halten. Zugleich hoffte Bazaine, der weiterhin Napoleon nahestand, im Rahmen von Verhandlungen freien Abzug für seine Soldaten erwirken und diese anschließend im Einvernehmen mit den Deutschen gegen die Republik einsetzen zu können. Doch diese Pläne zerschlugen sich. Bismarck war nicht bereit, auf die Bedingungen Bazaines und der hinter ihm stehenden Ex-Kaiserin einzugehen. Eine Allianz mit dem geschlagenen Kaiser war angesichts der Lage in Frankreich politisch riskant. Die Unterhändler des gestürzten Monarchen forderten den Verzicht auf die geplanten Annexionen.

Nach dem Krieg wurde Bazaine aufgrund seiner Gespräche mit Bismarck in einem aufsehenerregenden Prozess wegen Hochverrats angeklagt. »Ohne seine Verteidigungsmittel zu erschöpfen und vorher alles getan zu haben, was ihm Pflicht und Ehre vorschrieben«, habe er die Festung preisgegeben. Zu lebenslanger Verbannung begnadigt, konnte er allerdings bald unter bis heute ungeklärten Umständen fliehen. Ob ein Ausbruch aus der Festung möglich und erfolgreich hätte sein können, ist im Nachhinein schwer zu entscheiden. Die katastrophale Lage der Belagerer, die wochenlang zerlumpt, mit immer mehr Todesfällen infolge von Krankheit und Seuchen – allen voran Ruhr und Typhus – und ständig durchnässt in Zelten und notdürftig zusammengezimmerten Bretterhütten hausten, scheint auf den ersten Blick dafür zu sprechen: »Wir essen etwas besser wie die Schweine, wir sehen aus wie die Schweine, und wir schlafen auf unserem Lager schlechter wie die Schweine«, hieß es in einem Feldpostbrief. Und nach der Kapitulation schrieb ein deutscher Offizier:

> Aber heraus hätten sie gemusst, wenn sie wirklich ernstlich gewollt hätten; keine preußische Armee von derselben Stärke würde sich haben so einschließen lassen, sie hätten uns an vielen Stellen [...] fast ohne Waffen beiseite drücken können; wir haben auf einer gefüllten Pulvertonne gelebt, ohne die Größe der Gefahr zu erkennen, die über uns schwebte.

Feldlazarett in Zelten und Waggons nach der Kapitulation der französischen Truppen im belagerten Metz, 1. November 1870

Dies war freilich die Perspektive des Siegers, nicht die des Verlierers, der die Situation anders eingeschätzt hatte.

In der konkreten Situation entschied Bazaine sich Ende Oktober nach mehrfachem Kriegsrat mit seinen Offizieren daher für die Kapitulation. Nachdem die Bevölkerung die Belagerung zunächst als großes Schauspiel betrachtet und die Ereignisse von den Wällen herab mit Neugier beobachtet hatte, hatten sich ihre Lage und Stimmung angesichts wachsenden Hungers und ständiger Beschießungen des Vorfeldes zunehmend verschlechtert. Das galt auch für die Soldaten. Sie kampierten notdürftig in Zelten oder unter Planen auf freiem Feld zwischen den verschiedenen Forts vor der Stadt. Wochenlange ungeheure Regenfälle, schwere Herbststürme und zunehmende Kälte drückten ebenfalls massiv auf die Gemüter. Immer mehr Soldaten ließen sich daher von den deutschen Belagerern beim Kartoffelsuchen im Vorfeld gefangen nehmen, um nicht zu verhungern. Bald verboten die Belagerer die Gefangennahme, um die dadurch entstehenden Belastungen für die eigene Truppe zu verringern und zugleich den Druck auf die Belagerten zu erhöhen.

In der Stadt wie in der Festung gab es schließlich kaum noch etwas zu essen, nachdem auch die letzten Pferde, die nicht Krankheiten oder Hunger zum Opfer gefallen waren, geschlachtet und als »Pferdesuppe« verteilt worden waren. Hinzu kamen interne Auseinandersetzungen in der Stadt zwischen Anhängern der Republik und Bonapartisten. Diese Spaltung reichte bis in die Armee herein. Am 27. Oktober, vier Wochen nach dem Fall von Straßburg, ergab sich auch Metz. »Vom Hunger besiegt, müssen wir das Gesetz des Krieges ertragen und uns gefangen geben«, hieß es in Bazaines letztem Befehl an seine Truppen. Drei Monate nach Kriegsbeginn befanden sich damit fast 330 000 französische Soldaten in deutscher Gefangenschaft. Doch der Krieg war immer noch nicht zu Ende.

Während die Deutschen die übrigen Festungen – Bitsch, Pfalzburg, Schlettstadt, Neu-Breisach und Diedenhofen, Montmédy, Longwy, Mézières und Rocroy, Verdun, Ham und La Fère sowie Belfort und Besançon weiterhin belagerten, war die Masse der Truppen bereits auf dem Weg nach Paris. Allein die strategisch wichtige Festung Soissons hatten sie zwischenzeitlich erfolgreich eingenommen; andere ergaben sich erst später den Belagerern. Die kleine Festung Bitsch, vor allem aber

In Erinnerung an die Belagerung errichtete Frédéric-Auguste Bertholdi, Schöpfer der Freiheitsstatue, zwischen 1875 und 1880 einen Löwen aus Sandstein auf dem Hügel an der Zitadelle von Belfort. Die Skulptur wurde zum Symbol des Widerstands gegen die deutsche Besatzung. Eine Kupferreplik steht auf dem Place Denfert-Rochereau in Paris.

die große Festung Belfort am Fuße der Vogesen sollten sich hingegen bis zum Ende des Krieges halten und dann zum Mythos werden, zumal Bismarck schließlich auch auf die von den Militärs eigentlich für notwendig gehaltene Annexion Belforts verzichtete.

Auf dem Vormarsch trafen die deutsche Vorhut und die Truppen der Verteidiger von Paris am 19. September bei Sceaux aufeinander. Obwohl die Franzosen mit 30 000 bis 40 000 Mann den deutschen Einheiten, die kaum mehr als 15 000 Soldaten zählten, weit überlegen waren, verloren sie die Schlacht, denn die meisten der eilends aufgestellten Mobilgarden waren unerfahren und schlecht ausgebildet. Sie ergriffen – vorerst zumindest – vor den hochmotivierten und inzwischen kampferprobten deutschen Verbänden ebenso die Flucht wie die zwar kriegserfahrenen, aber völlig demoralisierten Einheiten der alten kaiserlichen Armee, die sich nach den verlorenen Grenzschlachten ins Hinterland hatten retten können.

Auch wenn der Angriff bei Sceaux gezeigt hatte, dass die Belagerung und Eroberung der französischen Hauptstadt keineswegs leicht sein würden, konnten die 3. Armee und die Maasarmee zunächst die strategisch wichtige Anhöhe von Châtillon bei Paris besetzen und die Stadt einschließen. Nach einer Zwischenstation in La Ferrières errichtete Wilhelm I. am 6. Oktober sein Hauptquartier in Versailles, dem symbolträchtigen Zentrum französischer Macht seit der Epoche Ludwigs XIV. 150 000 Soldaten und 620 Geschütze standen nun vor Paris und begannen mit der systematischen Belagerung. Nach dem Fall von Metz verstärkte Moltke die um die Stadt herum gruppierten Einheiten.

Eilends aufgestellte Mobilgarden aus den Departements treffen in Paris ein. Aus: *Journal Universel*, Nr. 1438, Volume LVI, 17. September 1870.

Doch wie sollte es weitergehen? Das deutsche Heer stand vor der Wahl, die Stadt zu beschießen wie Straßburg, dessen Fall kurz bevorstand, oder sie zu belagern und auszuhungern wie Metz.

Die Belagerung von Paris und der Volkskrieg

Der Aufruf der provisorischen Regierung in Paris zur *Levée en masse* vom 4. September hatte bereits deutlich gemacht, dass Frankreich keineswegs bereit war, sich zu ergeben. Dies galt umso mehr, als der Preis für eine Kapitulation hoch sein würde. Erste Sondierungen hatten gezeigt, dass die anmarschierenden Sieger von Sedan nicht nur einen gewaltigen finanziellen Betrag zur Begleichung der Kriegskosten, sondern auch Gebiete forderten, die Frankreich als unverzichtbaren und rechtmäßigen Teil des Landes betrachtete – Elsass und Lothringen.

Die Chancen, den Belagerern erfolgreich Widerstand zu leisten, waren auf den ersten Blick gar nicht so schlecht. Paris war immer noch mit einer zehn Meter hohen und sechs Meter breiten Mauer umgeben, die unter dem Bürgerkönig Louis Philippe nach 1830 erneuert worden war. Die Stadt sei der Schlüssel zu einer erfolgreichen Verteidigung Frankreichs, hatte dieser behauptet, um das enorm kostspielige Projekt durchzusetzen. Dass er damit auch die Bevölkerung einschüchtern wollte, die immer wieder zu Revolutionen aufgerufen hatte, haben schon Zeitgenossen zu Recht kritisiert. Viel wichtiger als die Mauern waren jedoch die 16 Forts, die mit ihren Artilleriestellungen einen Schutzring von 53 Kilometern Länge um die Stadt bildeten. Zwar war die Zeit der Festungen angesichts der inzwischen eingeführten weitreichenden, großkalibrigen Geschütze eigentlich vorbei, doch Bastionen wie der Mont Valerién oder der Mont Avron stellten große Hindernisse dar, die erst überwunden werden mussten.

Die provisorische Regierung baute gleichermaßen auf den Schutz der Mauern wie auf den Willen der Pariser Bevölkerung. Zugleich hoffte sie, auf dem Lande neue Einheiten aufzustellen. Dabei war sie durchaus erfolgreich: Bereits Anfang Oktober verfügte die provisorische Regierung über 400 000 Mann im eingeschlossenen Paris sowie über 296 000 Soldaten des aktiven Heeres und 243 000 Mobilgardisten in den Provinzen.

Die treibende Kraft dieser *Levée en masse* war Kriegsminister Léon Gambetta, ein Vertreter der radikalen Linken. Nach seiner aufsehenerregenden Flucht aus dem eingeschlossenen Paris mit einem Ballon trieb er die Aufstellung neuer Armeen mit ungeheurer Energie voran:

> Das erste von allem ist, Franzosen, dass Ihr Euch jetzt durch keine andere Beschäftigung nehmen lasset, als den Krieg, den Kampf bis aufs Messer [...] Alle unsere Hilfsmittel, die ungeheuer sind, müssen wir an das Werk setzen [...] und endlich den nationalen Krieg inaugurieren [...] Erheben wir uns in Massen, sterben wir lieber, als dass wir die Schande einer Gebietsabtretung dulden,

hieß es in einer am 9. Oktober veröffentlichen Proklamation. Dies war der endgültige Aufruf zum Volkskrieg, wenn nicht zum totalen Krieg.

Flucht Gambettas aus dem belagerten Paris mit einer Montgolfiere. Gemälde von Jules Didier und Jacques Guiaud. Gambettas Plan, die Stadt zu befreien, scheiterte allerdings. Nach der Kapitulation von Paris wollte er zunächst den Krieg fortsetzen. Im Februar akzeptierte er den Waffenstillstand und trat von seinen Ämtern zurück. Er war fortan entschiedener Verfechter des Revanchismus.

Dieser Aufruf zum »Kampf bis aufs Messer« bewirkte eine Vielzahl kleinerer und größerer Gefechte in den folgenden Monaten. Nach den Erfahrungen der verlorenen Schlacht bei Sceaux wäre Gambetta gut beraten gewesen, die neuen Armeen erst ausbilden zu lassen, bevor er sie gegen eine professionelle und siegreiche Armee marschieren ließ. Doch diese Zeit glaubte er aus politischen Gründen nicht zu haben. Sich Zeit zu nehmen hätte in seinen Augen bedeutet, jenen in die Hände zu spielen, die vielleicht doch bereit waren, mit dem Gegner aus Sorge vor einer Radikalisierung einen Frieden zu schließen, anstatt ihn aus dem Land zu jagen.

Moltke hoffte wie viele andere Verantwortliche, dass die gemäßigten Kräfte in der provisorischen französischen Regierung wie der liberale Außenminister Jules Favre oder der Militärgouverneur von Paris, General Jules Trochu, sich durchsetzen und den Krieg damit beenden wür-

Verwundete Soldaten der französischen Ostarmee werden 1871 in der zum Lazarett umgewandelten alten Kapelle Les Terreaux in Lausanne gepflegt. Nach der Niederlage vor Belfort hatte sich die Armee in der neutralen Schweiz internieren lassen. Die Aufnahme und die Versorgung von 87 000 verletzten und unterernährten Soldaten bedeutete für den Schweizer Bundesstaat eine große Herausforderung.

den. Diese Hoffnungen erwiesen sich jedoch bald als vergeblich. Auch die Gemäßigten baten aus Angst vor dem Abdriften nach links vorerst nicht um preußische Hilfe. Dies taten sie erst ein halbes Jahr später, als durch den Aufstand der Commune, der radikalen Linken, die Stadt im Bürgerkrieg zu versinken drohte.

Seit Anfang Oktober suchten die neu aufgestellten französischen Armeen den Kampf, um die Invasoren durch landesweite Angriffe zur Zersplitterung ihrer Kräfte zu zwingen. Zugleich hoffte Gambetta, damit eine Grundlage für die Befreiung von Paris von außen schaffen zu können. Kein Tag verging daher ohne kleinere oder größere Gefechte. Zentren wiederholter blutiger Kämpfe waren die Regionen um Orléans und Rouen, um Epinal und Besançon, Amiens und Péronne, Dijon und Belfort. Doch so groß der Elan der Truppen und manche Erfolge zu Beginn auch waren, am Ende mussten sich die neuen Armeen überall geschlagen geben. Dabei war ihre Stärke teilweise beachtlich. Die Loire-Armee, die Anfang November bayerische Truppen aus Orléans zeitweise vertreiben konnte, wuchs von ca. 90 000 Soldaten Mitte Oktober auf 350 000 Mann Ende November an, von denen aber nur 200 000 kampffähig waren; die im Dezember aufgestellte 2. Loire-Armee bei Le Mans wird auf 150 000 bis 180 000 Mann geschätzt. Auch die Ostarmee zog im Januar mit 130 000 Soldaten in den Kampf gegen einen zahlenmäßig weit unterlegenen Gegner im Südosten.

Die Verluste dieser Armeen waren groß: Zehntausende französische Soldaten fielen in den Gefechten, wurden verwundet oder ergaben sich erschöpft den deutschen Truppen. Auch die Zahl der Deserteure ging in die Tausende. Die Ostarmee beispielsweise floh nach dem gescheiterten Versuch, das belagerte Belfort zu entsetzen, mit 87 000 Soldaten in die Schweiz. Die restlichen waren gefangen genommen worden oder desertiert; nur 6000 hatten sich über einsame Bergpfade aus der Umklammerung durch die Armeen von General Edwin von Manteuffel entziehen können. Keine Frage, auch die deutschen Truppen hatten in diesen Monaten erhebliche Verluste zu beklagen: an der Loire 19 331 Mann (davon gefallen: 3712), im Norden 6808 (davon tot: 1209), im Südosten 9312 (davon gefallen: 1648) sowie die Maasarmee und die 3. Armee 5025 (davon gefallen 1347), um nur einige Beispiele zu nennen. Auch die Belagerung von Paris war verlustreich: Fast 14 000 Gefallene, Verwundete und Vermisste waren zu beklagen. Mancher Befehlshaber war sich zeitweilig nicht sicher, ob die Zeit nicht doch für die Franzosen arbeitete:

> Das französische Volk erhob sich von Tag zu Tag mehr aus seiner Erniedrigung; es schien, als ob der Sturz seiner bisherigen Regierung ihm Kraft, Mut und Ehre wiedergegeben, als ob Generale und Staatsmänner, die ihm bisher gefehlt, plötzlich aufgetaucht seien, um das Verlorene wiederzugewinnen [...] Je länger dieser Kampf dauert, desto besser für die Franzosen, und desto schlimmer für uns,

Ein Franktireur-Bataillon marschiert durch Tours. Zeitgenössische Illustration aus *The Illustrated London News*, 29. Oktober 1870.

notierte Kronprinz Friedrich Wilhelm am Jahresende 1870 in seinem Tagebuch. Innerhalb weniger Tage wurde dann aber doch deutlich, dass er Unrecht hatte. Ungeachtet mancher Rückschläge gelang es an allen Fronten, Gambettas Armeen weiterhin den Weg nach Paris zu versperren und damit dessen Entsatz zu verhindern.

Die Ursachen für die französischen Niederlagen waren vielfältig: Mangelnde Ausbildung, schlechte Führung und Organisation, fehlende Ausrüstung und Verpflegung, Auseinandersetzungen zwischen der Regierung und den jeweiligen Kommandeuren über den Einsatz der Truppen sowie vor allem mangelnde Disziplin und ein rasantes Nachlassen der Moral bildeten eine Gemengelage, die nachhaltige Erfolge fast unmöglich machte. Anzeichen dafür waren die hohe Zahl von Gefangenen, die die deutschen Truppen machten, sowie die stetig wachsende Zahl von Deserteuren. So zählte das 42. Marsch-Regiment, das am 19. Dezember in Richtung Südosten verladen wurde, nach zehn Tagen nur noch 1925 anstatt der ursprünglich anwesenden 2585 Soldaten. »Das *désastre*«, schrieb ein französischer Augenzeuge nach den Kämpfen der Loire-Armee Anfang Dezember 1870, »übertrifft alles, was man nur denken kann. Der gegenwärtige Zustand ist der organisierte Schrecken, denn die Soldaten wollen und können nicht mehr marschieren, die Exekutionen allein zwingen sie dazu; die Offiziere beginnen in ihrem Eifer nachzulassen und zu revoltieren, da sie das Unnütze ihrer Anstrengungen erkennen.« Nicht zu unterschätzen war auch der früh einsetzende außergewöhnlich harte Winter, der Straßen und Schlachtfelder zu Eisbahnen machte; doch darunter litten beide Seiten.

Es waren aber nicht nur die neu aufgestellten Truppen, die Moltkes Armeen in Atem hielten. Hinzu kamen die Franktireurs. Ihre Ursprünge hatten sie in alten Schützengesellschaften; im August 1870 hatte der damalige Kriegsminister sogar zur Bildung von Franktireurkompanien aufgerufen. Als kleine Gruppen von nicht mehr als 70 Mann sollten sie bei der Aufklärung helfen, aber auch Hinterhalte legen. Insgesamt soll sich die Zahl der so organisierten Kämpfer auf 80 000 belaufen haben. Patriotische Motive ganz im Sinne des von Gambetta und Hugo geforderten *Guerre à outrance* (›Krieg bis zum Äußersten‹) und die persönliche Betroffenheit vom Krieg und seinen Auswirkungen, seien es nun Requirierungen, Einquartierungen oder familiäre Verluste, trieben sie an. Doch ob sie wirklich »Kämpfer«, d.h. Kombattanten im völkerrechtlichen Sinne, waren, war bereits unter Zeitgenossen umstritten. Dies lag nicht zuletzt daran, dass sich viele Franktireurs trotz gegenteiliger Dekrete zu Beginn des Volkskrieges weigerten, sich den Kommandeuren regulärer Einheiten zu unterstellen. Aus deutscher Sicht war entscheidend, dass sie tatsächlich als Kombattanten erkennbar waren, doch genau das war das Problem. Sie agierten zumeist häufig aus dem Hinterhalt und waren daher kaum zu erkennen. Ihr Aktionsfeld waren die weiten ländlichen Regionen, insbesondere die Wälder im Norden und Osten des Landes. Wo immer möglich, griffen sie Verbindungslinien an, um den deutschen Nachschub zu unterbrechen. Aber auch kleine Orte mit entsprechend kleiner deutscher Besatzung waren Ziele ihrer Angriffe.

Ein Kennzeichen des Franktireurkriegs war von Anfang an seine ungeheure Brutalität auf beiden Seiten. Im Gegensatz zu dem Krieg der

»Überfall einer Feldpost durch Franctireurs«. Holzstich, 1871. Zahlreiche zeitgenössische deutsche Abbildungen stellten die Partisanenkämpfer als skrupellose Verbrecher- und Räuberbanden dar und warfen ihnen Gräueltaten vor.

Armeen galten dort bald nur mehr wenige Regeln. Verantwortlich dafür waren die nationalen Emotionen, die Gambetta von Beginn an schürte:

> Machen Sie den Maires [Bürgermeistern] in sämtlichen Gemeinden bekannt, dass der dem Feind überall zu leistende Widerstand mehr als je auf der Tagesordnung steht. Dass jeder seine Schuldigkeit zu tun hat, ganz besonders aber die Männer in den Verwaltungsämtern. Sie haben mit gutem Beispiel voranzugehen!

Das war deutlich, und in vielen Gemeinden verstanden die Menschen, was damit gemeint war:

> Wir müssen alles töten, wir müssen morden, würgen, aus den Fenstern und Kellerlöchern schießen. Wenn wir keine Gewehre haben, nehmen wir Mistgabeln, Säbel und Piken; einerlei wie, es handelt sich nur darum zu töten [...] Auch die Weiber müssen Krieg führen, ihre Scheren müssen zu Mordwerkzeugen dienen [...] Frankreich, das durch diese abscheuliche Invasion entehrt ist, muss in dem Blute germanischer Fürsten eine neue Jungfräulichkeit finden,

schrieb eine Zeitung ganz im Sinne Gambettas. Und in dem Rundschreiben des Präfekten der Côte d'Or an die Unterpräfekten und Bürgermeister hieß es:

> Das Land verlangt nicht von Euch, dass Ihr Euch in großen Massen zusammenschart, noch dass Ihr den Feind offen bekämpft. Es verlangt, dass jeden Morgen drei oder vier beherzte Männer unter Euch ihre Dörfer verlassen, sich eine gute Stellung aussuchen, von wo aus sie, ohne ein Risiko einzugehen, das Feuer auf die Preußen eröffnen können.

Inwieweit diese Aufrufe zum Mord aus dem Hinterhalt von der Regierung gedeckt waren, ist schwer zu beantworten. Eingeschritten ist sie dagegen jedenfalls nicht. Erst Mitte Januar 1871 löste Gambetta die Franktireureinheiten auf, allerdings nicht wegen ihrer Angriffe gegen die Armeen Moltkes, sondern wegen ihrer zunehmenden Übergriffe auch gegen die eigene Bevölkerung, die sich in einer Zwickmühle befand: »Bei neutralem Verhalten von den eigenen Leuten schikaniert, drohte ihnen im Falle der Teilnahme an einem wie auch immer aufgenötigten Widerstand das Strafgericht der Deutschen.«

Ein Merkmal des Franktireurkrieges war dessen Aufladung mit nationalen und ideologischen Stereotypen sowie mit überlieferten Feindbildern. Die Franzosen sahen sich selbst als Vertreter der Zivilisation an, die Deutschen hingegen waren für sie Barbaren. Die Deutschen wiederum bezeichneten die Franzosen als »entmenschte Bauern«, die in »hunnenhafter Wut« die eigenen Soldaten meuchelten. Die Verluste im Franktireurkrieg waren erheblich, auch wenn genaue Opferzahlen nicht vorliegen. Von Anfang an reagierten die deutschen Armeen mit drakonischen Strafen – Hinrichtungen und Geiselnahmen, Plünderungen und dem Niederbrennen ganzer Orte. In zahllosen Proklamationen verkündeten die Befehlshaber der deutschen Truppen in den betroffenen Regionen ihre Absichten. In einer in den Ardennen am 10. Dezember 1870 angeschlagenen Mitteilung gab beispielsweise der örtliche Befehlshaber bekannt,

> dass jede Person, die nicht zur regulären Truppe oder zur Mobilgarde gehört und unter der Bezeichnung Freischärler oder einem anderen Namen mit Waffen angetroffen wird, in dem Augenblick, wo sie bei der Ausübung von feindseligen Handlungen gegen unsere Truppen in flagranti gefasst wird, als Verräter angesehen und ohne jedes weitere Prozessverfahren gehängt oder erschossen wird [...] alle Häuser oder Dörfer, die den Freischärlern Unterschlupf bieten und in deren Schutz diese die deutschen Truppen angreifen, werden in Brand gesteckt oder beschossen. Die Gemeinden sind außerdem verantwortlich für die Schäden, die an Telefonleitungen, Eisenbahnen, Brücken und Kanälen verursacht werden. Eine Kontribution wird ihnen zur Auflage gemacht, und im Falle der Nichtzahlung werden sie mit Feuersbrunst bedroht.

Dass diese Proklamationen keine leeren Drohungen waren, zeigt ein Auszug aus der Chronik eines Regiments: »Man gab der Bevölkerung bekannt, dass sie ihre Häuser innerhalb einer halben Stunde zu verlassen hätte. Nach der Evakuierung steckte man den Ort in Brand. Die nicht für schuldig befundenen Bürger wurden dann freigelassen.« Ganz wohl fühlten sich manche Soldaten dabei nicht: »Obgleich die Bevölkerung diese Züchtigung für ihre feindliche Haltung verdient hatte«, so die Chronik, »lag über dem Kriegsbild, das sich den Augen bot, ein schauderhaftes Licht. Das Jammern der Frauen neben ihren erschossenen Männern [...] erweckte einen so peinlichen Eindruck, dass man sich wünschte, nie mehr gezwungen zu werden, eine ähnliche Exekution anzuordnen.« Friedrich Engels' Kommentar in der Londoner *Pall Mall Gazette* vom 11. November 1870 traf durchaus zu: »Wo immer die deutschen fliegenden Kolonnen in das Herz Frankreichs einmarschieren, ist ihr Weg allzu oft mit Feuer und Blut gezeichnet.«

Die Repressalien gegen »das schamlos feige und räuberische Gebaren dieses Lumpengesindels, welches namentlich in dem weniger stark besetzten Hinterlande unseren Soldaten auflauert und dieselben meuchlings mordet«, von denen ein Bericht des *Berliner Börsen-Couriers* vom 20. November aus Versailles spricht, hielten jedoch nicht nur die verant-

Viele zeitgenössische französische Darstellungen zeichneten das Bild eines bedrohlichen deutschen Soldaten. Als Feindbilder galten besonders Ulanen und marodierende Truppen. Illustration aus *La guerre illustrée*, Nr. 16, 17. September 1870.

wortlichen Militärs vor Ort für eine »eiserne Notwendigkeit«. Auch von höchster politischer Stelle waren diese drakonischen Maßnahmen gewollt: So wie Gambetta mit seinen Proklamationen die Franktireurs direkt oder indirekt anstachelte, stachelte auch Bismarck die eigenen Truppen an. Am 14. Oktober erklärte er im abendlichen Gespräch in kleiner Runde:

> Man bedenke dabei, dass Gambetta inzwischen den Krieg à outrance [bis zum Äußersten] anbefohlen hatte, dass die Pariser Presse täglich eine neue Schändlichkeit anriet, dass in der letzten Zeit wieder verschiedene Greueltaten der Freischärlerbanden bekannt geworden waren, und dass es ein Sprichwort gibt: »Wie es in den Wald schallt, so schallt es wieder heraus« […] Man sollte alle Dörfer, wo Verrat vorkommt, sofort ausbrennen und alle männlichen Einwohner hängen.

Mitte Dezember forderte Bismarck angesichts nicht nachlassender Überfälle in einem Bericht an Wilhelm I. »eine harte und unerbitterliche Ahndung jeder Verräterei, die gegen die Truppen Eurer Majestät geübt wird.«

Entscheiden konnten die Franktireurs den Krieg nicht, so spektakulär mancher Erfolg wie die Sprengung der Moselbrücke bei Fontenoy-sur-Moselle auch war. Ebenso wie Gambetta, der von Anfang an die Entscheidung in Paris suchte, anstatt die Deutschen ins Land zu locken, was militärisch wahrscheinlich erfolgversprechender gewesen wäre, konzentrierte sich auch Moltke schließlich auf Paris. Zwischenzeitlich hatte er angesichts der permanenten Kämpfe in vielen Regionen allerdings erwogen, die Belagerung der Hauptstadt zeitweilig aufzugeben, um die Angreifer zu verfolgen und vollständig zu schlagen. Am Ende gab Moltke diesen Gedanken aus zweierlei Gründen auf.

Zum einen war der Ersatz für die eigenen Verluste schwieriger zu beschaffen als gedacht. 78 000 Mann – Gefallene, Verwundete und Vermisste – hatten die eigenen Armeen in den ersten vier Wochen zu beklagen. Zehntausende, wenngleich nicht so viele wie in den ersten Wochen, kamen in den Monaten danach hinzu. 130 000 Soldaten lagen krank in den Lazaretten. Die zurückgebliebenen Bataillone in den Depots konnten gerade einmal 50 000 ausgebildete Soldaten an die Front schicken, um die unmittelbaren Verluste auszugleichen. Hinzu kamen

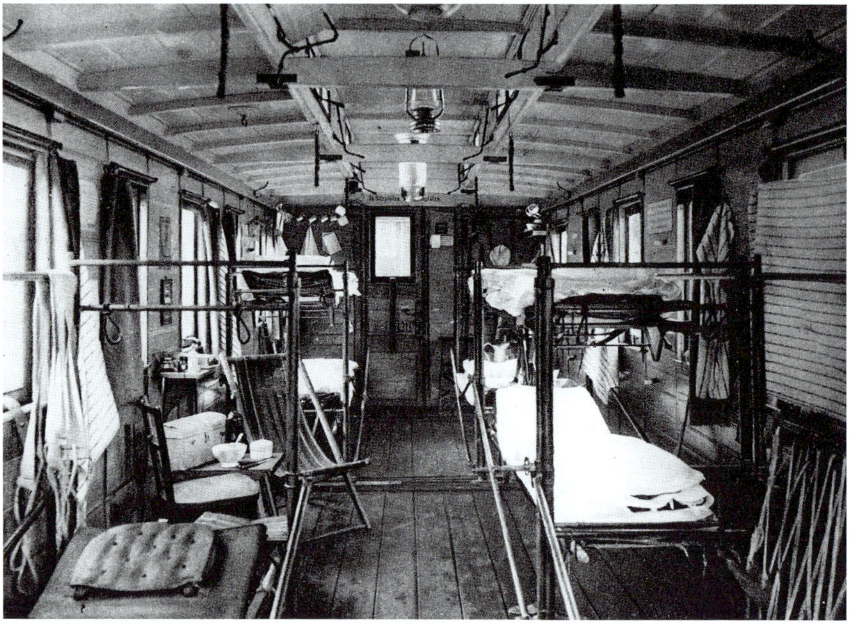

Blick ins Innere eines Lazarettzugs mit Betten für die Verwundeten, 1870/71

noch einmal 50 000 Wehrpflichtige und Freiwillige. Den Rest, der benötigt wurde, musste die ungeliebte Landwehr stellen. Zum anderen war auch die eigene Truppe nach Monaten des Kampfes, enormer Verluste und grassierender Krankheiten erschöpft. Bei manchen Einheiten gab es kaum noch Stiefel, so dass die Soldaten in Holzschuhen marschierten; Decken schützten nur unzureichend gegen Kälte und Nässe. Und die Briefe, die diese Soldaten nach Hause schrieben, drückten nach dem Abklingen der Siegeseuphorie auch auf die Stimmung in der Heimat. Der norwegische Dichter Henrik Ibsen, der in Dresden lebte, beschrieb diesen Wandel Mitte Oktober:

> Die Stadt ist voll von Kranken und Verwundeten; zu jeder Stunde kann man sicher sein, militärischen Leichenzügen oder neuen Lazaretttransporten zu begegnen [...] Das Land leidet schrecklich; jede Tätigkeit ist so gut wie eingestellt; halbwüchsige Knaben und Familienväter mittleren Alters werden zu den Fahnen gerufen und nach Frankreich geschickt; fast jede Familie hat Trauer; viele haben alle ihr

abkommandierten Verwandten verloren, und noch kennt man die Verlustlisten der letzten sechs Wochen nicht. Wie gesagt, es lebt sich ungemütlich hier.

Mitte Dezember hielt Moltke es mit Rücksicht auf die eigenen Truppen für notwendig,

> die Verfolgung des Feindes nach erfochtenem Sieg nur so weit fortzusetzen, wie erforderlich, um seine Massen der Hauptsache nach zu zersprengen und deren Wiederversammlung auf längere Zeit unmöglich zu machen. Wir können ihm nicht bis in seine letzten Stützpunkte, wie Lille, [Le] Havre und Bourges, folgen, nicht entfernte Provinzen wie Normandie, Bretagne oder Vendée, dauernd besetzt halten wollen, sondern müssen uns entschließen, selbst gewonnene Punkte, wie Dieppe, event[uell] auch Tours, wieder zu räumen, um unsere Hauptkräfte an wenigen *Hauptpunkten* zu konzentrieren.

Genau das tat Moltke: Er konzentrierte seine Armee an wenigen Hauptpunkten, darunter die französische Hauptstadt. Je mehr deutsche Truppen, zumal nach dem Fall von Straßburg und Metz, freigeworden waren, desto enger hatte Moltke den Belagerungsring gezogen. Mit großer Akribie hatten die Belagerungstruppen innerhalb von drei Tagen alle Straßen-, Eisenbahn- und Telegraphenverbindungen sowie Wasserleitungen ins Umland unterbrochen. Selbst die Flüsse hatte sie soweit möglich umgeleitet, um die zwei Millionen Einwohner der Hauptstadt in die Knie zu zwingen. Zugleich rodeten die Belagerer alle Weinberge und Bäume, um den Belagerten bei Ausbruchsversuchen die Deckung zu nehmen. Zum eigenen Schutz legten sie Schützengräben, Gruben und Verhaue an, bauten Schanzen für die Geschütze oder versahen besetzte Häuser mit Schießscharten.

Doch die eingeschlossenen Truppen und Mobilgarden machten es den Belagerern nicht leicht. Am 30. September, 28. Oktober, 3. Dezember 1870 sowie am 19. Januar 1871 versuchten sie zu Tausenden, aus der Festung Paris auszubrechen. Darüber hinaus gab es immer wieder zahlreiche kleinere Scharmützel. General Trochu, so berichtete Fontane, »versuchte es im langen Lauf der Belagerung, mit seinen Ausfällen nach allen Richtungen der Windrose hin; keine Seite, kein Truppenteil der

Preußische Geschützstellung bei der Moulin de Pierre vor Paris, Fotografie, 21. Januar 1871.

Einschließungsarmee blieb völlig verschont.« Obwohl die Belagerten Anfang November drei Armeen mit insgesamt 674 000 Mann aufstellen konnten, blieben ihnen durchschlagende Erfolge versagt.

Verantwortlich für die Ausbruchsversuche, die häufig eher den Charakter von blindem Aktionismus statt durchdachter militärischer Planung hatten, war die Radikalisierung in Paris selbst. Seit der Einschließung gärte es in der Stadt, Plünderungen und Konflikte mit marodierenden Soldaten waren an der Tagesordnung. Ende Oktober hatte es sogar einen ersten Aufstand der Commune gegeben. Zwar bildeten die Radikalen nur eine kleine Minderheit der Pariser Bevölkerung, doch diese war kampfbereit – nach innen wie nach außen. Ihr waren die bürgerlichen Kräfte nicht energisch genug im Kampf gegen die Belagerer. Das Scheitern des Ausfalls gegen Le Bourget, der Fall von Metz und die Gespräche zwischen dem Parlamentarier Adolphe Thiers, einem der entschiedensten Kriegsgegner Frankreichs, und Bismarck über einen Waffenstillstand Ende Oktober/Anfang November 1870 betrachteten sie mit großem Misstrauen. Zeitweise setzten sie sogar die provisorische Regierung fest. Nach einem Plebiszit war die alte provisorische Regierung nach Tagen der Unruhen wieder im Amt.

Doch so oft die Pariser Armeen auch versuchten, auszubrechen oder mit ihren Ballons und ihren Brieftauben Nachrichten herein- und herauszuschmuggeln, die die Stimmung im In- und Ausland heben sollten, ihre Zeit lief allmählich ab. Das lag zunächst am zunehmenden Hunger. Zu Beginn der Belagerung hatten die Pariser eilig alles Vieh aus dem Umland in die Stadt hineingetrieben, darunter 220 000 Hammel und 44 000 Ochsen. Zugleich schaffte die provisorische Regierung »Mehlsäcke, Fässer gesalzenen Fleisches, riesige Käse, Büchsen mit eingemachten Früchten, wahre Berge von getrocknetem Gemüse« heran, um einer Belagerung möglichst lange standzuhalten.

Nutzen sollte dies alles letztlich nichts. Im Dezember begannen die Pariser die Tiere des Zoos bis auf die Affen zu schlachten und zu essen. Allein die Kühe wurden wegen der Milch für die Kleinkinder verschont. Allerdings trafen der Hunger und die zunehmende Kälte nicht alle gleichermaßen. Die Wohlhabenden konnten sich weiterhin Vieles leisten, und sie demonstrierten dies auch ohne Scham, während, wie ein Schriftsteller berichtet, »Frauen und Kinder halbverhungert« bei eisigen Temperaturen auf den Türschwellen saßen. »Sie sagten, weil sie weder Holz noch Kohle hätten, sei es draußen wärmer als drinnen.« Ein Zeichen für die wachsende Wut war schließlich die Forderung auf einer Arbeiterversammlung Ende Dezember, die Hunde und Katzen der Reichen zu schlachten, ebenso die Pferde der Leichenwagen. Man könne die Särge auf den Schultern tragen. Die Zahl der Särge nahm tatsächlich stetig zu. Hatte Paris im Frieden durchschnittlich 5000 Tote monatlich zu beklagen, so waren es im November 1870 bereits 8238, im Dezember 11 885 und im Januar 1871 sogar 19 233. Der Artilleriebeschuss der Deutschen

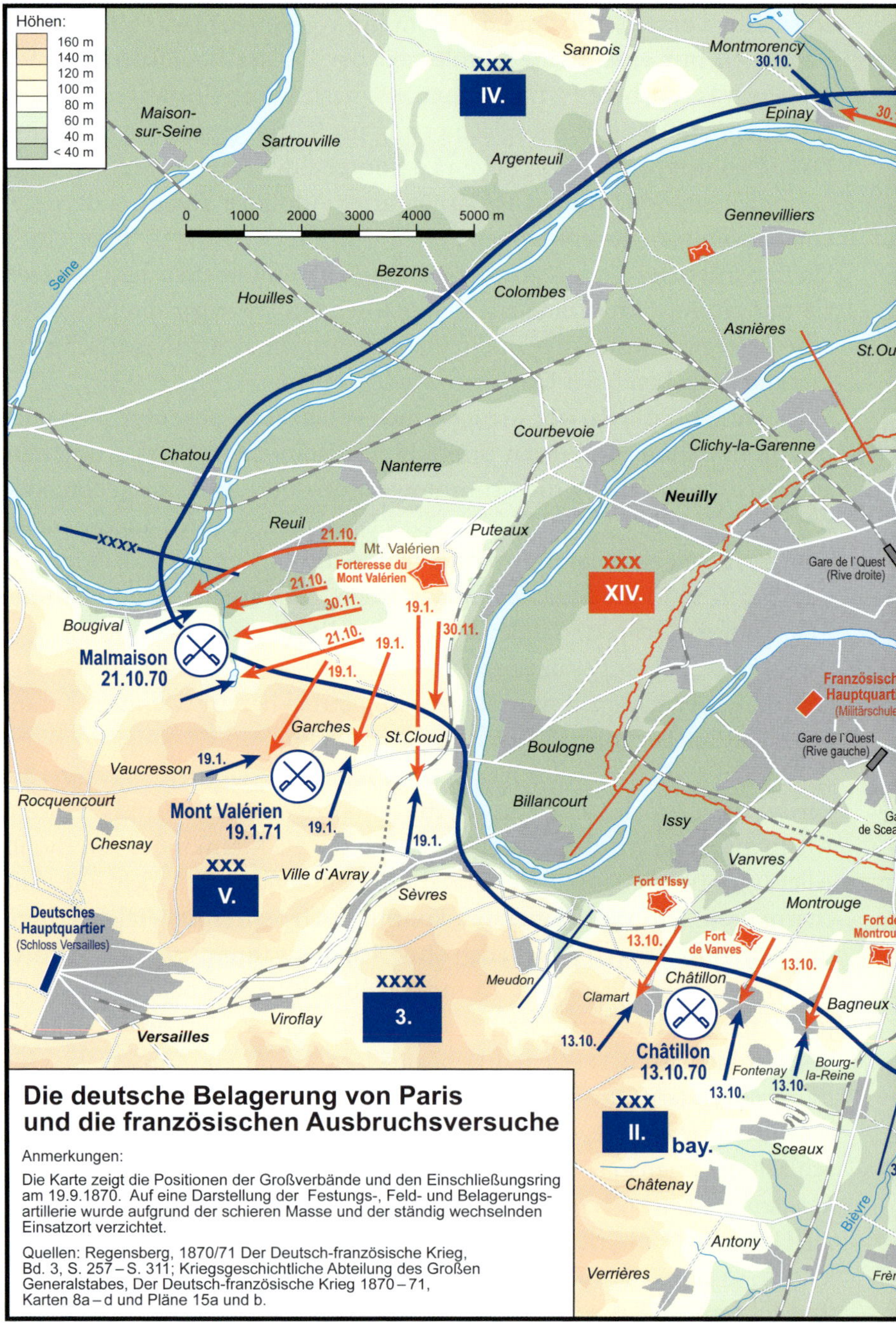

Die deutsche Belagerung von Paris und die französischen Ausbruchsversuche

Anmerkungen:

Die Karte zeigt die Positionen der Großverbände und den Einschließungsring am 19.9.1870. Auf eine Darstellung der Festungs-, Feld- und Belagerungsartillerie wurde aufgrund der schieren Masse und der ständig wechselnden Einsatzort verzichtet.

Quellen: Regensberg, 1870/71 Der Deutsch-französische Krieg, Bd. 3, S. 257 – S. 311; Kriegsgeschichtliche Abteilung des Großen Generalstabes, Der Deutsch-französische Krieg 1870 – 71, Karten 8a – d und Pläne 15a und b.

XXX
Garde
XXXX
Maas
30.10.
21.12.
30.10.
21.12.
30.10.
Stains
Dugny
Le-Blanc-
Ménil
La Morée
Aulnay-
les-Bondy
Sèvran
Double Couronne
du Nord
Le Bourget
La Mollette
21.12.
La Courneuve
Le Bourget
28.–30.10.70
Fort de l'Est
21.12.
28./29.10.
Drancy
Ourcq-Kanal
XX
sächs.
Montfort
Aubervilliers
Fort d'Aubervilliers
30.11.
Bobigny
Bondy
Raincy
Noisy le Sec
Gagny
Morlan
Villemonble
Fort de
Romainville
Gare du Nord
Fort de Noisy
Romainville
Rosny
Gare de l'Est
Belleville
Mt. Avron
28.11.
Bagnolet
XXX
XIII.
30.11.
Fort
de Rosny
Montreuil
Neuilly
PARIS
Chelles-Kanal
Fontenay
Vincennes
30.11.
XXXX
Gare de Lyon
Villiers
28.11.–4.12.70
Noisy-
le-Grand
Fort de Nogent
Fort de Vincennes
Brie-sur-Marne
2.12.
Nogent
Villiers
30.11.
30.11.
Charenton
XX
württ.
Ivry
30.11.
Champigny
Gentilly
Marne
2.12.
Fort de
Charenton
St. Maur
Fort d'Ivry
Maison Alfort
30.11.
30.9.
Vitry
30.11.
30.9.
Villejuif
Creteil
Chennevières
Chevilly
30.9.70
Mont Mesly
30.11.70
Ormesson
Morbras
Mesly
Bonneuil
30.11.
Sucy-en-Brie
Thiais
Chevilly
XXX
VI.
30.9.
30.9.
Choisy-
le-Roi
30.11.
XXX
XI.
ab 23.9.
Seine
30.11.
Valenton
Rungis
Orly
Boissy St. Leger
©ZMSBw
08191-05

Die Belagerung von Paris. Gemälde von Ernest Meissonier, 1884. Der Erstentwurf entstand direkt nach Kriegsende. Vor der zerschossenen Trikolore überragt die überlebensgroße Personifikation von Paris, bekleidet mit Löwenvlies und Trauerflor, gestützt auf eine Stele mit dem Stadtwappen, den Kampf der bedrängten Verteidiger der Stadt. Trotz des Leids der Bevölkerung und zahlreicher Toter und Verletzter, die symbolträchtig auf einem Märtyrerkranz liegen, führen Soldaten den Kampf mit ihren Geschützen fort, auch wenn die Figur des Hungers über ihnen schwebt.

seit Ende Dezember hatte daran nur einen geringen Anteil, er forderte lediglich 107 Opfer. Die große Mehrzahl starb an Hunger, Typhus und Ruhr, Lungenentzündung oder Pocken.

Der Artilleriebeschuss begann am 27. Dezember im Osten der Stadt und setzte sich in den folgenden Wochen in allen anderen Stadtteilen fort. Insgesamt verschoss die Artillerie 12 000 Granaten auf die Stadt und deren Bollwerke. Schneetreiben und häufiger Nebel verhinderten allerdings heftigeren Beschuss. Und die Rohre der modernen Krupp-Geschütze, obwohl aus Stahl und nicht mehr aus Bronze, waren den Belastungen des Dauerfeuers nicht gewachsen: Sie leierten aus oder explodierten – mit tödlichen Folgen für die Geschützmannschaften. Ungeachtet dieser Probleme konnten die wichtigsten Bollwerke, der Mont Avron und der Mont Valérien, nach gezieltem Feuer Ende Dezember 1870 bzw. Mitte Januar 1871 eingenommen werden.

Logistisch war die Vorbereitung der Beschießung und deren Durchführung jedoch ein Alptraum gewesen. Um 300 Geschütze und eine Grundausstattung von 500 Schuss je Geschütz nach Paris zu schaffen, war ein Fuhrpark von 900 bis 1000 Wagen notwendig gewesen. Da die Eisenbahnlinie aufgrund des von Franktireurs gesprengten Tunnels bei Nanteuil endete, musste alles per Pferdewagen weitertransportiert werden. Angesichts des Wetters war das schwierig:

Die größte Not hatten wir mit einer Anzahl alter Festungsgeschütze, den großen Fünfundzwanzigpfündern. Oft glitt eines derselben […] auf halber Höhe einer steilen Steigung aus und riss Pferde und Mannschaften in größter Verwirrung mit sich herunter. Es erforderte 10 Pferde, um sie hinaufzuziehen, und 20 Mann mussten sie beim Hin-

Bombardement von Paris. Zeitgenössische Lithografie.

> abgleiten mit Stricken zurückhalten. Manchmal fingen die Bremsen von der ungeheuern Reibung Feuer, und die Geschütze waren in Wolken stinkenden Rauches gehüllt, als ob sie sich als echte Höllenmaschinen legitimieren wollten,

hieß es in einem Bericht des Korrespondenten der Londoner *Times*, William Howard Russell. Nach fast vierwöchigem Beschuss und einer drohenden Hungerkatastrophe unternahmen die Eingeschlossenen einen letzten Ausbruchsversuch. In einem Aufruf von General Trochu hieß es: »Der Feind tötet unsre Weiber und Kinder; seine Geschütze donnern Tag und Nacht; er überschüttet unsre Hospitäler mit Granaten [...] Dulden und sterben, wenn es sein muss, aber siegen! Es lebe die Republik!«

Dadurch konnten zwar noch einmal 90 000 Mann zum Sturm auf die Belagerer mobilisiert werden, doch blieben bei diesem Ausbruchsversuch 4000 Mann tot auf dem Schlachtfeld zurück; die Zahl der Opfer aufseiten der Belagerer war mit 610 hingegen sehr gering. Verantwortlich dafür waren nicht allein die gut ausgebauten Stellungen auf deutscher Seite und die Wirkung der eigenen Artillerie. Fast die Hälfte der Verteidiger von Paris, die die deutschen Stellungen zu stürmen versuchten, waren Mobilgardisten, die kaum ausgebildet waren und auch keine Kampferfahrung hatten.

Eine Woche später baten die Verantwortlichen in Paris um einen Waffenstillstand. Die Bilanz der Opfer ließ ihnen keine andere Wahl, so sehr radikale Kräfte auch auf erneute Angriffe drängten. Die Verluste bei den Ausfällen gegen St. Cloud, Villiers, Champigny und Malmaison Mitte Oktober sowie gegen Le Bourget Ende Oktober und Ende Dezember 1870, aber auch bei dem großen Ausbruchsversuch vom Januar 1871 beliefen sich auf ca. 24 000 Gefallene und Verwundete; 147 000 Soldaten waren in Gefangenschaft geraten. Hinzu kommen vermutlich 47 000 zivile Opfer.

Gambetta war inzwischen mit der Regierung, die er nach seiner Flucht aus Paris in Tours gebildet hatte, aus der von den deutschen Armeen bedrohten Stadt nach Bordeaux geflüchtet. Er versuchte zwar den Krieg weiterzutreiben; sein Apell vom 31. Januar 1871 an die Bevölkerung *Aux Armes! Aux Armes!* (›Zu den Waffen! Zu den Waffen!‹) verhallte aber ungehört. In einem von Fontane zitierten Bericht heißt es:

> Bei den Dorfbewohnern herrschte seit langem die Erkenntnis ihrer Ohnmacht vor. Sie verwünschten die Regierung, die den Krieg angefangen, in demselben Atem wie die Regierung, die ihn fortgesetzt, und, an der Tüchtigkeit und dem guten Stern der französischen Armee verzweifelnd, erwarteten sie sehnsüchtig und ungeduldig friedliche Nachrichten.

Bei den Wahlen zur Nationalversammlung, die Teil des Waffenstillstandsabkommens waren, gaben sie dann denjenigen ihre Stimme, die den Krieg beenden wollten, ungeachtet der schmerzlichen Bedingungen.

Der Kampf um den Primat der Politik

Die Kämpfe seit Sedan, der Volkskrieg und die Belagerung von Paris waren jedoch nicht allein militärische Ereignisse, sie erlauben auch einen tiefen Einblick in das Verhältnis von Militär und Politik. Wer die

Fotografie aus dem Schloss Saint-Cloud, Wohnsitz Napoleons III., der in den Kämpfen mit der 5. Division der preußischen Armee zerstört wurde. Im Empfangssaal liegt auf Schutt gebettet die Statue *Der Tod*. Königlich-preußisches Feld-Photographie-Detachement, 1870.

Gedanken und Erinnerungen Otto von Bismarcks liest, der kann den tiefen Groll spüren, den der »Eiserne Kanzler« auch mehr als zwanzig Jahre nach der Reichsgründung immer noch gegenüber den Militärs hegte, vor allem gegenüber den von ihm so bezeichneten »Halbgöttern« des Generalstabs. So beginnt das Kapitel »Versailles« in seinem Buch nicht mit der Proklamation Wilhelms I. zum Deutschen Kaiser oder dem Sieg

bei Sedan – beides Ereignisse von weltgeschichtlicher Bedeutung –, sondern mit Konflikten, die er mit den Militärs in jenen Monaten der Reichsgründung auszufechten hatte.

1866 hätten die Militärs Bismarck noch, wenn auch widerwillig, über die Grundzüge der militärischen Operationen auf dem Laufenden gehalten, doch 1870 hätten sie sich von Anbeginn gegen ihn verschworen: »Diesmal ist also dafür gesorgt, dass uns dergleichen nicht wieder passiert«, sollen sie bereits bei der Abreise auf den Kriegsschauplatz in einem Gespräch geäußert haben, das er zufällig im Nachbarabteil mit angehört habe. Damit sollen sie auf Bismarcks Interventionen während des Feldzuges, vor allem aber die von ihm durchgesetzte Änderung der Marschrichtung auf Prag anstelle von Wien angespielt haben.

Ob diese Geschichte stimmt oder nicht, ist ungewiss, doch Bismarcks Darstellung der widerspenstigen Militärs in seinen *Gedanken und Erinnerungen* hat einen wahren Kern. Nach den Erfolgen von 1866 waren die Militärs mehr als je zuvor davon überzeugt, dass das »Kriegshandwerk« ihr ureigenstes Geschäft sei, in das sich die »Staatskunst« nicht einzumischen habe. Konsequent galt Bismarck gegenüber »strenge Geheimhaltung aller militärischen Maßregeln und Absichten als Regel«, grollte der Altkanzler noch Jahrzehnte später.

Dass die »Halbgötter« für die Operationen auf dem Kriegsschauplatz verantwortlich waren, bestritt Bismarck nicht. Doch spätestens nach der Schlacht bei Sedan war klar, dass alles, was folgte, nicht nur eine militärische, sondern in hohem Maße eine politische Angelegenheit sein würde. Moltke wusste das, und Bismarck wusste das auch. Doch beide zogen aus dieser unerwarteten Lage gegensätzliche Schlussfolgerungen. Da der Krieg noch nicht beendet war, beanspruchte Moltke weiterhin den Primat des Militärs. Erst wenn er und der Generalstab fanden, der Krieg sei nun zu beenden, käme die Politik wieder ins Spiel. Doch genau dies sah

Bismarck völlig anders. Es sei, so argumentierte er, Aufgabe der »Regierung eines kriegführenden Staates auch nach andern Richtungen zu sehen [...] als nach dem Kriegsschauplatze«. Die Beratung des Monarchen im Hinblick auf die Kriegsziele »ist und bleibt während des Krieges wie vor demselben eine politische Aufgabe, und die Art ihrer Lösung kann nicht ohne Einfluss auf die Art der Kriegführung sein.«

Anlass für den Konflikt war Bismarcks Drängen auf eine schnelle Beendigung des Krieges. Aus seiner Sicht war Eile geboten, weil jede Verzögerung ungeahnte Folgen haben konnte. Zwar hatten sich die anderen Großmächte bisher aus dem Konflikt herausgehalten; es war aber schwer abzuschätzen, ob sie dies auch weiterhin tun würden. Großbritannien, Russland und selbst das 1866 geschlagene Österreich konnten jederzeit auf den Plan treten, um mit Forderungen nach einer internationalen Konferenz einen Frieden mit Frankreich zu deutschen Bedingungen zu gefährden. Erste Anzeichen für einen Stimmungsumschwung im Ausland aufgrund der deutschen Kriegführung und offenkundig maßloser Ziele waren erkennbar.

Da alle anderen Optionen zur Beendigung des Krieges – darunter eine Wiederherstellung der Monarchie in Frankreich mithilfe der in Metz eingeschlossenen Rheinarmee – sich als wenig tragfähig erwiesen hatten, drängte Bismarck seit November auf eine Verschärfung des Krieges, um diesen sobald wie möglich zu beenden. Das »Volk im Lande« sollte genötigt werde, »den Frieden mit so dringender Energie zu begehren, dass die Regierung gedrängt wird, den Frieden auf Bedingungen anzunehmen, die ihr gemacht werden.« In der Konsequenz bedeutete dies die sofortige und rücksichtslose Beschießung von Paris.

Moltke dachte aber gar nicht daran. Für ihn stand ungeachtet aller Schwierigkeiten fest, dass der Krieg längst entschieden war. Noch aber gab es Widerstand an der Loire sowie in anderen Teilen Frankreichs, der erst gebrochen werden musste. Die Beschießung der Stadt wollte er daher erst beginnen, wenn alle Vorbereitungen abgeschlossen waren und das Bombardement militärisch effektiv sein konnte. Jenseits aller militärischen Überlegungen sah er es auch grundsätzlich gar nicht ein, den Kanzler über die militärischen Planungen zu unterrichten, geschweige denn, ihm ein Mitspracherecht einzuräumen.

Je angespannter die Situation politisch wurde, umso gereizter reagierte Bismarck darauf, dass die Militärs ihn aus ihren Beratungen ausschlossen und ihn nicht einmal über ihre Pläne und Entscheidungen informierten. Nachdem er sich zunächst zurückgehalten hatte, nahm er ein ohne sein Wissen verfasstes Schreiben Moltkes an den Gouverneur von Paris zum Anlass, den Generalstabschef über eine Kabinettsordre in die Schranken weisen zu lassen. Wilhelm I. kam dieser Forderung nach und befahl Moltke am 10. Dezember 1870, Bismarcks Weisungen zu folgen.

Im Prinzip hatte Bismarck damit gewonnen. Moltke allerdings war nicht leicht einzuschüchtern. Von Zivilisten wollte er sich nicht in die militärischen Planungen hineinreden lassen. Auch in der Folgezeit kam es wie bei der Frage des Einmarsches in Paris, der Festlegung der Demarkationslinien oder der Kapitulationsbedingungen daher immer wieder zu Konflikten, die Moltke regelrecht »krank vor Ärger« machten. Ungewöhnlich scharf forderte er Ende Januar 1871 die Anerkennung einer gleichberechtigten Stellung *neben* dem Kanzler, nicht *unter* diesem. Ob Wilhelm I. ihm diese tatsächlich gewährte, ist umstritten. Die Spannung zwischen Kanzler und Generalstabschef blieb jedenfalls bestehen, zumal Bismarck Moltke zu den Verhandlungen über einen Waffenstillstand und den anschließenden Frieden nicht hinzuzog. Als Moltke dann nach Abschluss des Vorfriedens Ende Februar Bismarck demonstrativ gratulierte, erwiderte Letzterer ganz versöhnlich: »Es sei wohl leicht, mit einer solchen erreichten militärischen Grundlage Frieden zu machen.« Der Primat der Politik hatte sich damit durchgesetzt.

➚ Der Kriegsrat tagt im Präfekturgebäude zu Versailles, 6. Dezember 1870. Von links: Otto von Bismarck (preußischer Ministerpräsident), Leonhard von Blumenthal (Chef des Generalstabs bei der 3. Armee), Kronprinz Friedrich Wilhelm (Befehlshaber der 3. Armee), Albrecht von Roon (Kriegsminister), Helmuth Graf von Moltke (Chef des Generalstabs) und König Wilhelm I. Holzstich, um 1870.

6 Kriegsende

Die Reichsgründung im Krieg

Der Krieg gegen Frankreich war nicht allein eine Auseinandersetzung zweier Großmächte um Macht und Ehre. Frankreich hoffte, mit einem Sieg seine Hegemonialstellung auf dem Kontinent zu festigen; und Deutschland erwartete sich von dem Konflikt, dass er die nationale Einheit bringe.

Diese Hoffnung schien angesichts der Bedrohung durch Frankreich berechtigt. Bei vielen wurden Erinnerungen an 1813/15 wach. Bereits die Fahrt König Wilhelms I. von Bad Ems zurück nach Berlin hatte in Erinnerung daran spontane Begeisterungsstürme hervorgerufen. Auf vielen Bahnhöfen hatten ihn große Menschenmengen erwartet und ihm zugejubelt.

In den süddeutschen Staaten war die Stimmung ähnlich. Aufgrund der französischen Kriegserklärung und der zu erwartenden Angriffe auf Preußen sahen die süddeutschen Regierungen den Bündnisfall als gegeben an, der in den 1866 geschlossenen Schutz- und Trutzverträgen festgeschrieben stand. Die jeweiligen Kammern bewilligten zugleich die notwendigen Kriegskredite. Obwohl antipreußische Ressentiments in Süddeutschland weit verbreitet waren und vor allem in Bayern manche einen Kriegseintritt auf preußischer Seite ablehnten, stimmte die Mehrheit dafür. »Herrisches Hochfahren, theokratische Gelüste, soldatische Rohheit und Willkür, zweierlei Recht und Gewicht für Bürger und Soldat, frömmelnde Bevormundung in Kirche und Schule – das sind Eigenschaften, welche die großen Massen so gut abstoßen wie den frei, besonnen und gebildet denkenden Einzelnen«, hieß es in der *Augsburger Allgemeinen Zeitung* vom 17. Juli 1870 zwar. Doch: »Alles ist jetzt Nebensache, verschwunden und vergessen, und nur das eine steht: die ernste Pflicht mit Preußen und jedem deutschen Stamme vereint für Deutschland zu gehen.«

Wie groß das Ausmaß der Begeisterung tatsächlich war und welche Regionen bzw. Schichten vom nationalen Rausch erfasst waren, ist zwar im Einzelnen strittig. Spätestens die Augustsiege, vor allem aber der Sieg bei Sedan und die Gefangennahme Napoleons III., (über)steigerten aber definitiv die nationale Stimmung. Dementsprechend groß war auch der direkte und indirekte Druck auf die verantwortlichen Politiker und Monarchen: »Es würde gegen die Natur der Dinge sein, wenn man sich dem Glauben hingeben wollte, dass das deutsche Volk nach den Erlebnissen des Krieges wieder ruhig in die frühere Zerrissenheit zurückkehren und durch die Beibehaltung der Mainlinie als einer unübersteiglichen Grenze des deutschen Nordens und Südens sich werde befriedigen lassen«, ließ der sächsische Außenminister Richard Freiherr von Friesen über Gesandten seiner Regierung in München Mitte September 1870 mitteilen.

Ende September begannen in München die Verhandlungen über einen Zusammenschluss von Nord und Süd, die schließlich im November 1870 abgeschlossen waren. Weitgehend problemlos verliefen die Gespräche mit den Regierungen Badens und Hessen-Darmstadts. Mitte November traten diese vorbehaltlos dem Norddeutschen Bund bei. Bayern, das lange Zeit an der Idee eines doppelten Bundes zwischen Nord und Süd festgehalten hatte, folgte wenig später. Bismarck hatte ihm schließlich wichtige Sonderrechte bezüglich der Bayerischen Armee, im Post-, Telegraphen- und Eisenbahnwesen sowie in Steuerfra-

Auf Betreiben Bismarcks bat Ludwig II. von Bayern (1845–1886) als ranghöchster deutscher Fürst im sogenannten Kaiserbrief Wilhelm I., den Titel des Deutschen Kaisers anzunehmen. Ausschlaggebend für diese Bitte war nicht nur die stattliche Geldzahlung, die Ludwig II. erhielt, sondern die Einsicht in die Unabwendbarkeit der Reichseinigung. An der Kaiserproklamation in Versailles nahm er jedoch nicht teil.

gen zugestanden, nicht aber in der Außenpolitik. Auch Württemberg unterzeichnete anschließend den Einigungsvertrag.

Ungern, aber aus Gründen »politischer Klugheit« und im »Interesse der Krone und des Landes«, schrieb König Ludwig II. von Bayern am 30. November 1870 schließlich einen von Bismarck aufgesetzten und nur leicht abgewandelten Brief an Wilhelm I. Darin bat er den preußischen König im Namen der anderen Fürsten, die Kaiserkrone anzunehmen. Bismarcks Angebot, dem bayerischen König, der wegen des Baus extravaganter Schlösser in immer größeren Geldnöten steckte, erhebliche finanzielle Mittel aus geheimen Kassen zukommen zu lassen, hat Ludwig die Zustimmung zweifellos erleichtert.

Der »Kaiserbrief« Ludwigs II. traf rechtzeitig ein, um die Adresse des Reichstags des Norddeutschen Bundes ins Leere laufen zu lassen, der Wilhelm I. ebenfalls die Kaiserwürde antrug. Der Präsident des Reichstags des Norddeutschen Bundes, Eduard Simson, war Mitte Dezember 1870 eigens zu diesem Zweck ins Hauptquartier nach Versailles gereist. Schon 1849 hatte Simson dem preußischen König Friedrich Wilhelm IV., damals im Namen der Frankfurter Nationalversammlung, die Kaiserkrone angetragen. Wie einst sein Bruder, der die Kaiserkrone aus den Händen der Volksvertreter nicht entgegennehmen wollte, empfing Wilhelm I. zwar die Reichstagsdeputation, lehnte deren Anliegen jedoch ab: »Nur in der einmütigen Stimme der deutschen Fürsten und freien Städte und in dem damit übereinstimmenden Wunsch der deutschen Nation und ihrer Vertreter werde Ich den Ruf der Vorsehung erkennen, dem Ich mit Vertrauen auf Gottes Segen folgen darf«, ließ er die Gesandten des Reichstages wissen. Der Gedanke einer Reichsgründung durch demokratische Institutionen, gleichsam als Ergebnis des Volkswillens, war damit vom Tisch. Es blieb bei der Gründung »von oben«, die wenige Tage später symbolträchtig stattfinden sollte.

Nachdem der Reichstag bereits am 10. Dezember 1870 die Zusatzverträge mit den süddeutschen Staaten über deren Beitritt geschlossen hatte, trat die neue Reichsverfassung, die im Wesentlichen die des Norddeutschen Bundes war, am 1. Januar 1871 in Kraft. Dass die Ratifizierung der Verträge durch die bayerische zweite Kammer erst am 21. Januar 1871 erfolgte, war kaum mehr als ein Schönheitsfehler, auch wenn manche Abgeordnete noch einmal alle Register zogen, um zu verhindern, dass Bayern das »dienende Glied eines großen Militärnationalstaates« wurde.

Drei Tage zuvor, am 18. Januar 1871, hatten die Bundesfürsten das Reich demonstrativ im Spiegelsaal des Versailler Schlosses aus der Taufe gehobenen, indem sie Wilhelm I. zum »Kaiser« proklamierten. Der preußische König hatte bis zuletzt mit dem Kaisertitel gehadert, sich dann aber doch gefügt.

Der Ort, das prachtvolle Schloss des »Sonnenkönigs« Ludwig XIV., war zwar eher zufällig gewählt worden. Da der Krieg noch andauerte – die Beschießung von Paris hatte gerade begonnen –, schien eine Zeremonie in Berlin, fernab vom militärischen Geschehen, nicht opportun; auch das Datum, der Jahrestag der Krönung Friedrichs I. zum König in Preußen 1701, hatte man nicht bewusst gewählt. Gleichwohl hatte beides bereits aus der Sicht der Zeitgenossen eine ungeheure symbolische Bedeutung: Ein preußischer Diplomat notierte voller Stolz:

> Wer konnte sich damals träumen lassen, als Friedrich I. die Königskrone von Österreich erbettelte und erkaufte, dass sein Nachkomme die Österreich vom Haupt gefallene Kaiserkrone sich aufs Haupt setzen würde, und im Schloss von Versailles nach Niederwerfung des

stolzen Frankreich an der Spitze seines Heeres, wie es Ludwig XIV. nie gesehen, mit all seinen stolzen Marschällen und siegreichen Führern.

Wie einst im Mittelalter erhoben die deutschen Fürsten den preußischen König nun auf ihren ›Schild‹, um ihn zum Kaiser zu proklamieren. Das ganze Zeremoniell – die Anwesenheit ausgewählter Unteroffiziere und Offiziere sowie der Generale und Bundesfürsten, die neuen Reichsfahnen und die Fahnen der Regimenter – hatte tatsächlich viel Ähnlichkeit mit den Kaisererhebungen vergangener Jahrhunderte. Nachdem

Die Proklamierung des deutschen Kaiserreiches (18. Januar 1871). Das Gemälde von Anton von Werner, entstanden 1885, hängt in der Dauerausstellung des Bismarck-Museums in Friedrichsruh. Es ist das bekannteste Motiv aus dem Deutsch-Französischen Krieg. Im Vordergrund stehen Wilhelm I., Otto von Bismarck und Helmuth Graf von Moltke. Statt des tatsächlich getragenen blauen Waffenrocks trägt Bismarck die weiße Kürassier-Uniform. Auf Wunsch des Königs ergänzte Werner Kriegsminister Albrecht von Roon, der krankheitsbedingt bei den Feierlichkeiten fehlte.

Wilhelm I. sich den Fürsten auf einem eigens aufgestellten Podest zugewandt hatte, erklärte er: »Dem deutschen Volke gebe ich Meinen Entschluss durch eine heute von Mir erlassene Proklamation kund«, die Bismarck dann verlas: »Wir übernehmen die kaiserliche Würde in dem Bewusstsein der Pflicht, in deutscher Treue die Rechte des Reiches und seiner Glieder zu schützen, den Frieden zu wahren, die Unabhängigkeit Deutschlands, gestützt auf die geeinte Kraft seines Volkes, zu verteidigen«, hieß es darin zu Beginn. Deutlicher konnte man den Charakter einer Reichsgründung von oben kaum formulieren. Darüber hinaus versprach Wilhelm I., sich für Frieden, nationale Wohlfahrt, Freiheit und Gesittung einzusetzen.

Nachdem Bismarck zu Ende gelesen hatte, folgte ein Moment der Stille. Plötzlich riss Friedrich Großherzog von Baden einen Arm hoch und rief: »Seine Kaiserliche und Königliche Majestät, Kaiser Wilhelm, lebe hoch! Hoch! Hoch!« Das Reich, das es seit dem 1. Januar formal bereits gab, hatte endlich seinen Kaiser, so unwohl sich dieser angesichts des Titels, der seinen Ansprüchen nicht gerecht wurde, und des Aufgehens »seines« alten Preußens im neuen Reich auch fühlte.

Der damals noch junge Maler Anton von Werner, der eigens herbeigerufen worden war, um die Szene für die Nachwelt auf Leinwand festzuhalten, vermittelte in drei verschiedenen Versionen, von denen aber nur eine erhalten ist, den Eindruck eines feierlichen Ereignisses. Mit Orden geschmückte Fürsten, Generale und Offiziere in ihren Uniformen prägen das Bild, im Hintergrund stehen Soldaten Spalier. In seinen *Lebenserinnerungen* bezeichnete er diese Szene freilich später als prunklos und unangemessen kurz. Damit stand er nicht allein, wie andere Zeugnisse belegen. Doch für viele war dieses Ereignis *das* prägende Erlebnis ihres Lebens. Paul von Hindenburg, später verklärter »Held von Tannenberg«, dann jener Reichspräsident, der Adolf Hitler zum Reichskanzler ernannte und damit den Weg in die »deutsche Katastrophe« ermöglichte, war als junger Leutnant dabei. Er war unendlich »dankbar«, dass er »den großen geschichtlichen Augenblick hatte miterleben« und seinem nunmehrigen Kaiser hatte zujubeln dürfen.

Der Weg aus dem Krieg: Sieg – und Frieden

Kriegsbeginn und Kriegsverlauf zu beschreiben bedeutet auch, die Frage nach dem Weg aus dem Krieg zu stellen. Damit verknüpft ist die Frage nach den jeweiligen Kriegszielen. Napoleon III. hoffte bei Kriegsbeginn zwar, weitreichende Ziele wie die Wiederherstellung des Königreichs Hannover, die Rückgabe Südschleswigs an Dänemark, die Wiederherstellung des alten Deutschen Bundes, das Schleifen der Bundesfestungen in Rastatt und Mainz sowie die Verkleinerung Preußens durchsetzen zu können. Die Niederlage bei Sedan machte jedoch alle Pläne einer Neuordnung der Mitte Europas nach französischen Vorstellungen zunichte. So wie viele Franzosen Deutschland schwächen wollten, gab es auch In Deutschland eine große Mehrheit, die eine dauerhafte Schwächung Frankreichs forderte. Damit war untrennbar die Forderung nach der Inbesitznahme des Elsass und Lothringens verbunden, die Ludwig XIV. einst »geraubt« hatte. Einer der Vordenker dieser Bewegung war der in Heidelberg lehrende nationalliberale Historiker Heinrich von Treitschke. In Vorlesungen und Schriften machte er seit Kriegsausbruch Stimmung gegen die »räuberischen« Franzosen, die »seit 300 Jahren [...] nicht aufhören konnten, sich in unsere deutschen Angelegenheiten zu mischen und [...] unsere Grenzen zu verwüsten.« Der Ruf nach einer Annexion oder, so sahen das die Vertreter dieser Forderung, nach einer Rückkehr von Elsass und Lothringen ins Reich war unter diesem Gesichtspunkt nur konsequent. Seit Ende Juli »trommelte« die Presse daher für die »Rückkehr« der verlorenen Gebiete.

Der preußische Ministerpräsident Bismarck teilte den nationalen Enthusiasmus der Annexionsbewegung nicht. Dazu dachte er zu preußisch. Nach anfänglich eher vagen Äußerungen zu diesem Thema forderte er nach den ersten großen Siegen jedoch ebenfalls den Anschluss der beiden Provinzen. Die Forderungen der Nationalbewegung spielten für seinen Entschluss jedoch keine Rolle. Entscheidend für ihn waren politische und strategische Gründe. »Der Elsass«, so hieß es in einem Brief vom 23. September 1870 an den preußischen Innenminister, »ist für Deutschland unentbehrlich als Verschluss der offnen Südwestgrenze, als Zubehör der Grenzfestungen, gewissermaßen wie ein großes Glacis derselben.« An diesem Leitgedanken hielt Bismarck bis zum Ende des Krieges fest, auch wenn das Ausmaß der Gebiete, vor allem in

Deutsche Besatzungszonen in Frankreich 1871 bis 1873

KGR. BELGIEN
GHZG. LUXEMB.
KAISERREICH DEUTSCHLAND
SCHWEIZ
ARDENNES
MARNE
MEUSE
MOSELLE
MEURTHE
VOSGES
AUBE
HAUTE MARNE
HAUTE SAÔNE
CÔTE-D'OR
DOUBS
JURA
LOTHRINGEN
ELSASS
1
2
3
4
Lüttich
Eupen
Seraing
Verviers
Mons
Namur
Maas
Huy
Charleroi
Philippeville
Marienbourg
Givet
Rocroi
Mézières
Sedan
Arlon
Luxemburg
Montmédy
Longwy
Verdun
Diedenhofen
Metz
Châlons-sur-Marne
Vitry-le-Fr.
Bar-le-Duc
Pont-à-Mousson
Toul
Marsal
Seille
Lunéville
Moselle
Meurthe
Marne
Aube
Meuse
St. Dié
Langres
Seine
Belfort
Montbéliard
Ognon
Doubs
Besançon
Auxonne
Saône
Dôle
Dijon
Beaune
Châlon-sur-Saône
Lons-le-Saunier
Le Locle
Bieler See
Neuchâtel
Lac de Neuchâtel
Bern
Freiburg
Basel
Mülhausen
Rhône-Rhein-Kanal
Neu Breisach
Colmar
Ill
Schlettstadt
Rhein
Straßburg
Rastatt
Baden
Karlsruhe
Weißenburg
Bitsch
La Petite Pierre
Pfalzburg
Landau
Zweibrücken
Saarbrücken
Saarlouis
Saar
Trier
Mosel
Kaiserslautern
Kreuznach
Mainz
Wiesbaden
Gerolstein
Koblenz
Ehrenbreitenstein
Lahn
©ZMSBw 08193-03

Lothringen, die er annektieren wollte, zwischenzeitlich variierte. Bereits am 13. September 1870 hieß es in einem Erlass an die norddeutschen Gesandtschaften:

> Wir dürfen uns nicht darüber täuschen, dass wir uns nun infolge dieses Krieges auf einen baldigen neuen Angriff von Frankreich und nicht auf einen dauerhaften Frieden gefasst machen müssen, und das ganz unabhängig von den Bedingungen, welche wir etwa Frankreich stellen möchten. Es ist die Niederlage an sich, es ist unsere siegreiche Abwehr ihres frevelhaften Angriffs, welche die französische Nation uns nie verzeihen wird.

Elsass und Lothringen wären vor diesem Hintergrund das schützende »Glacis«, so sollte er später im Reichstag die Annexion begründen, »wenn Frankreich entweder bei eigener Erstarkung oder im Besitz von Bundesgenossen uns den Handschuh wieder hinwerfen sollte.«

Alle Verhandlungen mit Vertretern der provisorischen Regierung in Paris wie auch denen des gestürzten Kaisers standen somit unter keinem guten Stern. Der Verzicht auf französisches Gebiet kam für beide nicht infrage. Ein Waffenstillstand, den Bismarck bereits Mitte September 1870 der neuen Regierung angeboten hatte, scheiterte ebenfalls daran, dass er zu dem geforderten Verzicht auf die Annexionen nicht bereit war. Abgesehen davon hätte ein Waffenstillstand nur einen Sinn ergeben, wenn ihm Verhandlungen über einen Frieden unmittelbar gefolgt wären. Doch dazu war die französische Seite nicht bereit, hätte sie damit doch auch die endgültige Niederlage eingestehen müssen.

Vertreter Napoleons III. machten Ende Oktober 1870 ebenfalls ein Angebot: Neben einer Kriegsentschädigung schlugen sie vor, das Elsass zeitweilig unter eine neutrale Regierung zu stellen sowie die Kolonie Cochinchina in Südostasien (im heutigen Vietnam und Kambodscha) als Reparation abzutreten; aus Bismarcks Sicht waren dies aber unzureichende und unrealistische Vorschläge.

Folglich wurde der Krieg fortgesetzt, ungeachtet mancher Gespräche, die Bismarck mit der Regierung in Paris auf der einen und Vertretern Napoleons III. auf der anderen Seite führte. Erst nach der Kapitulation von Paris am 28. Januar 1871 begannen Verhandlungen über einen Frieden. Von großer Bedeutung war dabei die Neuwahl der französi-

Die als Frau dargestellte französische Republik kapituliert vor Bismarck. Sie wird gezwungen, den Friedensvertrag zu unterzeichnen. Zeitgenössische Karikatur, 1871.

schen Nationalversammlung am 8. Februar, in der die gemäßigten Parteien eine überwältigende Mehrheit errungen hatten. Am 26. Februar unterzeichneten Bismarck und der französische Außenminister Favre einen Vorfrieden. Darin verpflichtete sich Frankreich zur Abtretung des Elsass und von Teilen Lothringens einschließlich der Festung Metz sowie zur Zahlung einer Kriegsentschädigung. Bis zu deren vollständiger Zahlung – vorgesehen war der 2. März 1874 – sollte das Deutsche Reich Teile Frankreichs besetzt halten.

In weiteren Verhandlungen sollten Details geregelt werden. Bei diesen Verhandlungen, die im neutralen Brüssel stattfanden, gelang es den französischen Vertretern, die Kriegsentschädigung von den ursprünglich geforderten sechs auf fünf Milliarden Franc zu verringern sowie die Rückgabe von Belfort zu erreichen. Ihr erneuter Versuch, die Verhandlungen in die Länge zu ziehen, um die Neutralen auf die Seite Frankreichs zu ziehen und durch deren Druck das Reich zu einer generellen Milderung der Bedingungen zu veranlassen, scheiterte jedoch. Ende April 1871 drohte Bismarck schließlich mit einer »Wiedereröffnung

Auf den Einzug Kaiser Wilhelms I. mit seinen Truppen am Arc de Triomphe in Paris am 1. März 1871 reagierte die Bevölkerung mit Pfiffen und Geschrei. Zeitgenössische Lithografie.

der Feindseligkeiten«, da er ein Eingreifen anderer Mächte zugunsten Frankreichs verhindern wollte.

Am 10. Mai unterschrieben Bismarck und Favre den endgültigen Friedensvertrag in Frankfurt am Main. Angesichts des Commune-Aufstands, für den die republikanische Regierung alle Kräfte, aber

auch die Unterstützung des Reiches benötigte, hatte sie allerdings gar keine andere Wahl mehr. Dieser Frieden bestätigte im Wesentlichen die Bestimmungen des Vorfriedens. Die Regelung noch offener Details, darunter die genaue Grenzziehung, die Räumung eines Teils der besetzten Gebiete sowie die Verringerung der Besatzungstruppen von 545 000 Mann im Mai auf schließlich 50 000 erfolgte bis Mitte Dezember 1871.

Der Krieg war damit zu Ende. Die Zahl der Opfer zeigte, wie brutal er trotz der relativ geringen Dauer gewesen war. Auf deutscher Seite waren 1871 Offiziere und 26 397 Mannschaftssoldaten gefallen sowie 4184 Offiziere und 84 304 Mannschaftssoldaten verwundet worden. 102 Offiziere und 12 752 Mannschaftssoldaten galten als vermisst. Nicht eingerechnet sind die vielen Toten aufgrund von Krankheiten wie Ruhr, Typhus und Pocken. Doch nicht nur die Zahl der Toten und Verwundeten ließ erkennen, dass dieser eigentlich kurze Krieg einen ganz anderen Charakter angenommen hatte. Das zeigt schon die Zahl der Soldaten, die in dem Krieg gekämpft hatten. Am Ende hatten 33 101 Offiziere und 1 113 254 Soldaten im Feld gestanden. Hinzu kamen weitere 9319 Offiziere und 338 738 Soldaten an der »Heimatfront«. Das Zeitalter der Millionenheere, die zu Beginn des 20. Jahrhunderts dann in ganz anderer Weise aufeinandertreffen sollten, hatte begonnen. Auf französischer Seite wird allein die Zahl der Opfer auf 139 000 geschätzt.

Triumph

Triumphzüge gehörten bereits bei den Römern zum Zeremoniell am Ende von Kriegen. Glanzvoll demonstrierte der Sieger dem Verlierer, aber auch der eigenen Bevölkerung, dass der Krieg zu Ende war. Zu-

gleich ehrte er damit die eigenen Soldaten – die Überlebenden und die Gefallenen. An der Bedeutung dieses Zeremoniells hatte sich auch Jahrhunderte später nichts geändert. Anders ist das Beharren Wilhelms I. und führender Militärs auf einer Siegesparade in Paris nicht zu erklären. Am 1. März 1871, nach Unterzeichnung des Vorfriedens, marschierten 30 000 Soldaten aus deutschen Landen durch den Bois de Boulogne und über die Champs-Elysées.

»Trotz der ausgegebenen Parole, welche volle Enthaltung [Zurückhaltung] der Bevölkerung verlangte«, reagierten die Pariser mit »Pfeifen und Schreien«, mit dem Verhüllen der »die großen Städte Frankreichs darstellenden Bildsäulen«, aber auch mit der demonstrativen »Ausschmückung der Statue von Straßburg« – unter anderem mit der Trikolore – an der Place de la Concorde, wie ein Generalstabsoffizier notierte. Auch einzelne Steine flogen; die Steinewerfer und alle anderen, die sich »ungebührlich betrugen, mussten übergeritten werden«. Am folgenden Tag war alles vorüber. In Windeseile hatte die Nationalversammlung den Vorfrieden angenommen. Wie darin vereinbart, zogen die deutschen Truppen wieder ab. Als sie durch den Arc de Triomphe marschierten, kam es erneut zu Zwischenfällen, denen die Truppe mit einer »kurze[n] Attacke des letzten Dragonerzuges« begegnete.

Ganz anders die Situation im Reich: Nachdem es bereits nach Unterzeichnung des Vorfriedens im März reichsweit spontane Friedensfeiern gegeben hatte, hatte Wilhelm I. den 16. Juni zum nationalen Tag des Friedens erklärt. Der Tag war bewusst gewählt, denn am 16. Juni 1815 war Na-

Siegesparade auf der Ludwigstraße in München am 16. Juli 1871. Gemälde von Louis Braun. Neben Ludwig II. reitet Kronprinz Friedrich Wilhelm, der in der bayerischen Armee hohes Ansehen genoss.

poleon I. in der Schlacht von Waterloo 1815 mit preußischer Hilfe endgültig besiegt worden. 56 Jahre später feierte Berlin den erneuten Sieg über den »Erzfeind«. Bei Kaiserwetter paradierten die siegreichen Truppen, insgesamt 20 000 Soldaten aus allen Bundesstaaten und allen Waffengattungen einschließlich der Marine, die eigentlich nichts zum Sieg beigetragen hatte, in der prächtig geschmückten Stadt. In einer schier endlos erscheinenden Kolonne bewegten sie sich, mit dem Kaiser an der Spitze des Zuges, vom Tempelhofer Feld zum Brandenburger Tor, marschierten dann durch die Straße Unter den Linden bis zum Lustschloss. Mehrere Denkmalgruppen – darunter eine, die das wiedergewonnene Elsass und Lothringen darstellte –, Ehrenjungfrauen, Ehrenbogen, allegorische Gemälde, Lorbeerkränze, unzählige eigene und erbeutete Fahnen sowie über tausend erbeutete Geschütze prägten das Stadtbild. Am Potsdamer Platz verherrlichte ein Kanonenberg die Siege von Sedan und den Fall der Festung; auf dessen Spitze stand die Siegesgöttin Viktoria.

Riesige Banner, die über die Straße Unter den Linden gespannt waren, stellten noch einmal die großen Ereignisse der vorangegangenen Monate nach. Bedeutende Künstler wie Anton von Werner hatten sie angefertigt. Symbolträchtig erinnerten sie an die »Herausforderung zum Kampf«, die »Waffenbrüderschaft zwischen Nord- und Süddeutschland«, »Kampf und Sieg«, die »Schaffung des Kaiserreiches« und die »Wiederkehr des Friedens«. Der Berliner Magistrat hatte alles organisiert und bezahlt. Die Zuschauer hatte man nach Rang und Klasse getrennt: So durften die Fabrikarbeiter nur in Kreuzberg jubeln; am Brandenburger Tor, dem Zentrum des Geschehens, standen die Turnvereine, daneben die Studenten. Die besten Plätze hatten die Kriegervereine – sie standen Unter den Linden.

Die einmarschierenden Sieger durften sich jedoch nicht nur am Jubel der Bevölkerung erfreuen; sie erhielten vom Magistrat auch eine kleine Entschädigung – je 2 Taler spendierte er Unteroffizieren, je 1 Taler einfachen Soldaten. Außerdem erhielten alle eine Ausgabe der *Amtlichen Kriegsdepeschen*, damit sie sich auch später an die siegreichen Kämpfe erinnern konnten.

Kaiser, Fürsten und Generale schauten dem Freudenfest zu. Zugleich verteilte Wilhelm I. »Gnadenbeweise«: Moltke ernannte er zum Generalfeldmarschall; ein Akt, der mit Jubel begrüßt wurde. Der symbolträchtige Schlussakt war schließlich das Niederlegen der erbeuteten französischen Fahnen am neuen Denkmal für König Friedrich Wilhelm III., den Vater des Kaisers, der 1807 den für Preußen so demütigenden Tilsiter Frieden mit Napoleon I. hatte unterschreiben müssen.

Auf die Berliner Festlichkeiten folgten zahllose Feiern überall im Reich. Sie waren aber nicht immer so spektakulär wie in Berlin: Jene, die sich mit dem Verlust ihrer Selbstständigkeit an ein von Preußen dominiertes Reich oder, wie die Katholiken, mit der Übermacht der Protestanten schwertaten, sahen wenig Grund für eine solche Ausgelassenheit. München ist dafür ein Beispiel. Am 16. Juli fand dort zwar die Siegesparade in Anwesenheit von Kronprinz Friedrich Wilhelm statt, mit ebenso prachtvoller Kulisse wie in Berlin. Gemeinsam nahmen Ludwig II. und der Kronprinz, unter dessen Kommando die Bayern gekämpft hatten, die Parade unter dem Jubel der Bevölkerung ab. Anders als die Menge auf den Straßen jubelte der bayerische König jedoch nicht; für ihn war es der erste »Vasallenritt«. Die Teilnahme des Kronprinzen am Festessen der Stadt München versuchte er dann auch mit allen Mitteln zu verhindern. Da ihm das nicht gelang, blieb er diesem Essen demonstrativ fern.

Tragödie

Während die Deutschen ihren Triumph über den alten »Erzfeind« feierten, beerdigten die Franzosen die Toten eines brutalen Bürgerkriegs und beseitigten die Trümmer zerstörter Paläste, des Pariser Rathauses und zahlreicher Bürgerhäuser. Nachdem die deutschen Truppen die französische Hauptstadt verlassen hatten, hatte dort, aber auch in anderen großen Städten die sogenannte Commune die Macht an sich gerissen. Anlass war die von der provisorischen Regierung angeordnete Entwaffnung der Nationalgarden in Paris. Ganz abgesehen davon, dass die Pariser Bürger viele Geschütze selbst bezahlt hatten, drohten viele Arbeiter, die sich den Nationalgarden angeschlossen hatten, dadurch arbeitslos zu werden.

Doch es ging nicht nur um unmittelbare materielle Motive. Die Weigerung, sich entwaffnen zu lassen, war eng verknüpft mit dem Willen, einer grundlegend neuen politischen Ordnung sowie tiefgreifenden

Kampf der Regierungstruppen unter Mac-Mahon gegen die Commune in der »blutigen Woche« im Mai 1871. Das Hôtel de Ville (Rathaus) steht in Flammen. Zeitgenössische Darstellung von Léon Sabatier.

sozialen und wirtschaftlichen Reformen den Weg zu ebnen. Konkret bedeutete dies unter anderem direkte Demokratie, die Bildung von Kooperativen, den Aufbau eines föderativen Frankreichs sowie die Gleichberechtigung von Frauen. Auch die Offiziere der Nationalgarde wurden fortan von ihren Soldaten gewählt – ungeachtet ihrer militärischen Qualifikationen. Rote Fahnen, die Einführung eines neuen Kalenders, dessen Zeitrechnung mit der Ausrufung der Republik 1792 begann, sowie der Sturz von Symbolen der »Barbarei« wie der Statue Napoleons I. auf dem Place Vendôme machten den Willen, mit der bisherigen Vergangenheit zu brechen und wie die Vorgänger etwas völlig Neues zu schaffen, nach außen deutlich.

Träger der Commune waren Arbeiter, Handwerker und kleine Kaufleute. Das politische Spektrum umfasste ungeachtet bedeutsamer inhaltlicher Unterschiede Linksliberale, utopische Sozialisten und Anarchisten. Gemeinsam lehnten sie die Autorität der neu gewählten Nationalversammlung und der Regierung von Adolphe Thiers ab. Deren

Mehrheit war royalistisch, nicht aber republikanisch gesinnt. Aus Sicherheitsgründen tagte das Parlament seit dem Abzug der deutschen Truppen Mitte März in Versailles.

Gewalt kennzeichnete von Anbeginn das Verhältnis zwischen den »Versaillern«, so die zeitgenössische Bezeichnung, und den Kommunarden. Innerhalb weniger Wochen schaukelte sich der Konflikt zu einem offenen Bürgerkrieg mit Barrikadenkämpfen, Massenhinrichtungen und Geiselerschießungen sowie Plünderungen und gezielten Brandstiftungen hoch. Ende Mai, nach Unterzeichnung des Frankfurter Friedens, bereitete die Regierung Thiers den Angriff auf die Stadt vor.

Bereits mit Unterzeichnung des Vorfriedens hatte Bismarck die Entlassung von Kriegsgefangenen vorangetrieben, damit die Versailler Regierung den Aufstand in Paris niederschlagen konnte. Zu den Entlassenen gehörte auch der Verlierer von Sedan, Marschall Mac-Mahon. In der berüchtigten *semaine sanglante*, der ›blutigen Woche‹, schlug er Ende Mai den Commune-Aufstand nieder. Auch in anderen Städten wie in Marseille ging die Armee gegen die Aufständischen brutal vor.

Die Zahl der Opfer ist bis heute umstritten, die Angaben schwanken zwischen 10 000 und 20 000. Tausende Kommunarden wurden eingesperrt oder nach Neukaledonien deportiert. Der Mythos der Commune als Modell einer sozialrevolutionären Gesellschafts- und Herrschaftsform überdauerte die Niederlage. Ihr Ruf »Krieg den Palästen, Friede den Hütten« prägte Denken und Handeln vieler späterer Revolutionäre.

↗ Berliner Kongreß. Gemälde von Anton von Werner, 1881. Ausschnitt Mittelgruppe: Bismarck gibt dem russischen Bevollmächtigten Graf Pjotr Schuwalow die Hand, links von ihm steht Graf Gyula Andrássy. Der Kongress unter Bismarcks Vorsitz schlichtete den Balkankonflikt.

7 Kriegsfolgen

Nach außen stark, im Innern zerrissen

Der Sieg über Frankreich veränderte die Kräfteverhältnisse in Europa. Aufgrund seiner Größe und seiner Einwohnerzahl, seiner militärischen und seiner wirtschaftlichen Macht konnte das neue Deutsche Reich in Zukunft bei Konflikten ein großes Gewicht in die Waagschale werfen. Viele auswärtige Staatsmänner betrachteten das Deutsche Reich daher mit Misstrauen. Sie fürchteten, dass die Reichsgründung erst der Beginn einer zügellosen Hegemonialpolitik sei.

Bismarck bemühte sich von Anfang an, diese Befürchtungen zu zerstreuen und Europa mit der Existenz des Deutschen Reiches zu versöhnen. Aus seiner Sicht war das Reich »saturiert« (befriedigt), durch die für unvermeidlich gehaltene Gegnerschaft Frankreichs aber auch »immobilisiert« (ruhiggestellt). Da »jede [französische] Regierung, welcher Partei sie auch angehören möge, die Revanche als ihre Hauptaufgabe betrachten wird«, sah er sich gezwungen, die von ihm später so genannte

»politische Gesamtsituation« derart zu konzipieren, dass Frankreich im Spiel der Mächte quasi außen vor blieb. Der beste Schutz vor der »Revanche« war in seinen Augen schließlich ein System von Bündnissen. Zu diesem Mittel griff Bismarck allerdings erst, als seine Versuche, Frankreich durch die Drohung mit in einem neuen, dann aber vernichtenden Krieg einzuschüchtern, am Einspruch der anderen Großmächte 1875 gescheitert waren und sich mit den Balkankrisen seit Mitte der 1870er Jahre die internationale Konstellation verändert hatte.

Die Verträge mit Österreich-Ungarn (Zweibund 1879), mit Österreich-Ungarn und Italien (Dreibund 1881) sowie schließlich mit der Donaumonarchie und dem Zarenreich (Dreikaiservertrag 1882) sollten ebenso wie das indirekte Heranziehen Großbritanniens an dieses System mithilfe der Mittelmeer- und Orient-Entente 1887 den großen Krieg in Europa *verhindern*, nicht ihn ermöglichen. Wie lange dieses komplizierte System allerdings funktionieren würde, wusste niemand. Die nationalen Bewegungen auf dem Balkan und die gegenläufigen Interessen der eigenen Allianzpartner Österreich-Ungarn und Russland in der Region höhlten das Bündnissystem bald aus. Der »Rückversicherungsvertrag« mit Russland (1887) kaschierte das Ende des »Systems der Aushilfen«, als das manche Historiker Bismarcks Bündnispolitik beschreiben, allenfalls notdürftig. Gleichwohl war dieser Vertrag besser als gar kein Bündnis.

Vielen Verantwortlichen, aber auch Teilen der deutschen Öffentlichkeit war diese Politik bald zu defensiv. Seit Mitte der 1880er Jahre mehrten sich die Stimmen, die auf dem Kontinent offen für Krieg plädierten, um das Reich zur unangefochtenen Hegemonialmacht zu machen. Zugleich forderten sie im Zeitalter konkurrierender Imperialismen eine weitere Expansion nach Übersee. Der Status quo bedeutete aus ihrer Sicht nicht nur unverantwortlichen Stillstand, sondern den drohenden Verlust der Machtstellung, die das Reich seit dem Krieg mit Frankreich 1870/71 auf dem Kontinent innehatte. An die Stelle einer Politik des Maßhaltens und des Augenmaßes, die ungeachtet aller Drohungen seit 1875 Bismarcks Leitlinie gewesen war, trat nun eine Strategie, die, wie ein Diplomat später kritisch anmerkte, kein »Fettnäpfchen« ausließ, um aus dem Deutschen Reich ein Weltreich zu machen. So wie Frankreich 1871 zunächst isoliert war, stand das Kaiserreich 35 Jahre später, als es Frankreich mit den beiden Marokkokrisen 1905 bzw. 1911 gleich zweimal aggressiv herausforderte, fast ohne Freunde da.

»Friss, Vogel, oder stirb!« Karikatur auf die von Bismarck eingebrachten Ausnahmegesetze gegen die Sozialdemokratie, 1878.

Nicht nur in Europa, sondern auch im Inneren des Reichs hoffte Bismarck, den Status quo durch geschicktes Taktieren bewahren zu können. Ungeachtet allen Jubels über die Einigung waren die Bruchlinien und Konflikte jedoch nicht zu übersehen. Sie verliefen zum einen zwischen den Konfessionen, zum anderen zwischen den Klassen. Hinzu kam die bei der Gründung des Norddeutschen Bundes 1867 aus der Sicht mancher Liberaler nur aufgeschobene Frage über den Einfluss des Parlaments im Reich.

Wie Goethes »Zauberlehrling« (Lothar Gall) versuchte Bismarck, die »Geister«, die er mit der »Revolution von oben« gerufen hatte, zu bändigen. Gelungen ist ihm das nicht. Wie sehr die historische Entwicklung vielmehr gegen ihn arbeitete, machte August Bebel deutlich, einer der Wortführer der jungen Sozialdemokratischen Partei, als er im Mai 1871 unter Anspielung auf den Aufstand der Commune das Gespenst der Revolution beschwor. Er sagte voraus, »dass, ehe wenige Jahrzehnte vergehen, der Schlachtenruf des Pariser Proletariats: ›Krieg den Palästen, Friede den Hütten, Tod der Not und dem Müßiggange!‹ der Schlachtruf des gesamten europäischen Proletariats« werden würde.

Zur gleichen Zeit zeichnete sich bereits ein tiefgreifender Konflikt zwischen Regierung, Liberalen und protestantischer Bevölkerungsmehrheit auf der einen, katholischer Minderheit auf der anderen Seite ab. Im Kern ging es um den Anspruch des Papstes, »unfehlbar« zu sein, sowie um die Rolle der Kirche in der Gesellschaft. Innerhalb weniger Monate entwickelte sich daraus ein »Kulturkampf«, so der Liberale Rudolf Virchow, in dessen Verlauf die katholische Kirche und ihre Anhänger mit Ausnahmegesetzen zu »Reichsfeinden« erklärt und verfolgt wurden. Die Entfremdung blieb jahrzehntelang bestehen.

Die Liberalen unterstützten Bismarcks »Kulturkampf«-Politik. Auch sie hielten die Trennung von Kirche und Staat im Zuge der Modernisierung von Staat und Gesellschaft für unabdingbar. Ihre Hoffnungen, mehr Einfluss auf die Politik des Reiches ausüben zu können, erfüllten sich auf lange Sicht jedoch nicht. Allen Bestrebungen, den Einfluss des Reichstages zu stärken, trat Bismarck mit allen Mitteln entgegen; er versuchte vielmehr wie 1878/79, dem Reich dauerhaft einen konservativen Stempel aufzudrücken. Über Grundsatzfragen wie Freihandel oder Schutzzölle spaltete er zugleich die Liberalen.

Die Folge war nicht nur eine Zersplitterung der Parteien im Reichstag, sondern auch eine Schwächung jener Kräfte, die dessen Einfluss stärken wollten. Ungeachtet dieser Belastungen, mancher Krisen und

Die Münze greift Bismarcks Anspielung auf die Demütigung Heinrichs IV. durch Papst Gregor VII. während des Investiturstreits 1077 auf. Im Konflikt mit der katholischen Kirche erklärte Bismarck 1872: »Nach Canossa gehen wir nicht.« Auf der Rückseite der Bronzemedaille weist eine mit Schwert und Bibel gerüstete Germania Papst Pius IX. und dessen Versuch der Einflussnahme zurück. Hersteller: Johann Jacob Lorenz, 1872.

gelegentlicher Staatsstreichdrohungen war das Kaiserreich auf dem Weg in die Moderne. Seine Zukunft im Innern war offen; es kam darauf an, inwieweit die Nachfolger des »Eisernen Kanzlers« bereit waren, einer Versöhnung zwischen Konfessionen und Klassen den Weg zu ebnen sowie Staat und Gesellschaft den Erfordernissen der Zeit entsprechend kontinuierlich zu reformieren.

Isoliert und auf der Suche nach innerer Stabilität

Für Frankreich war die Niederlage das vorläufige Ende seiner herausragenden Stellung in Europa. Der Glanz, den das Land 1867 auf der Pariser Weltausstellung ausgestrahlt hatte, und das politische Gewicht, das Napoleon III., gestützt auf seine Armee, in Europa zugunsten Frankreichs hatte in die Waagschale werfen können, waren auf unabsehbare Zeit verloren gegangen. Schlimmer noch, in einem Europa der Monarchien galt die Republik nach dem Pariser Commune-Aufstand wie einst nach 1789 erneut als Hort der Revolution.

Dieses Misstrauen änderte nichts an der Tatsache, dass die anderen Mächte Frankreich als Gegengewicht zu einem zu starken Deutsches Reich grundsätzlich erhalten wollten. Als Bismarck 1875 den Eindruck erweckte, die Reorganisation der französischen Armee zum Anlass für einen Präventivkrieg zu nehmen, zeigten ihm Russland und Großbritannien deutlich die eigenen Grenzen auf. Russland wolle »ein Frankreich auf der Karte« sehen, »um das Gleichgewicht aufrechtzuerhalten«, so dessen Kanzler Alexander Gortschakow.

Schritt für Schritt gewann Frankreich daher an Einfluss in der internationalen Politik zurück. Auch das Verhältnis zu Deutschland entspannte sich zeitweilig. Ursache dafür war nicht zuletzt Bismarcks Unterstützung der französischen Expansion in Afrika und Asien. Die Hoffnung, Frankreich dadurch von dem »Loch in den Vogesen« ablenken zu können, erfüllte sich jedoch nicht. Mit Kriegsminister General Georges Boulanger gewannen 1887 vielmehr zeitweilig jene Kräfte Oberhand, die offen für Revanche eintraten.

Inwieweit der Gedanke an Revanche, den Gambetta bereits 1871 zur geheimen Leitlinie – »immer daran denken, niemals davon sprechen« – der französischen Außenpolitik gemacht hatte, dauerhaft die franzö-

Im Zuge der Abtretung von Elsass und Lothringen durfte in den neuen deutschen Gebieten nicht mehr die Trikolore gehisst werden. Das Gemälde zeigt drei junge Elsässerinnen, die als Zeichen des Protests gegen die Besatzung unter den Augen der preußischen Obrigkeit mit ihren langen Kleidern in den Farben *bleu-blanc-rouge* promenieren. Kolorierte Lithografie von A. Lemercier, 1871, nach Jan-Baptist Huysmans.

sische Politik bestimmte, ist schwer zu sagen. Einen Krieg wollte die Mehrheit der Bevölkerung zweifellos nicht. Die Hoffnung, durch eine starke Stellung auf dem Kontinent das Deutsche Reich gleichsam zur Herausgabe der Provinzen zwingen zu können, haben jene Kräfte aber nicht aufgegeben. Bismarcks Nachfolger Leo von Caprivi erneuerte den »Rückversicherungsvertrag« mit Russland nicht. Das Spiel mit den »fünf Kugeln« erschien ihm zu kompliziert – und angesichts der Gegen-

sätze zwischen den anderen Mächten nicht notwendig. Dies ermöglichte es Frankreich, ein Bündnis mit dem Zarenreich (1892/94) zu schließen. Nach Jahrzehnten der Isolation war Frankreich damit nicht nur sicherer vor einem deutschen Angriff, sondern zugleich auch wieder ein gewichtiger Spieler im Konzert der Mächte. Die »Entente cordiale« (1904) mit Großbritannien verbesserte Frankreichs Stellung weiter. Verantwortlich für diese Verschiebungen im Kräfteparallelogramm waren katastrophale Fehlentscheidungen auf deutscher Seite. Diese gingen einher mit einer maßlosen Überschätzung der eigenen Macht.

Frankreich war jedoch nicht nur über viele Jahre nach außen isoliert. Es war auch im Innern zutiefst zerrissen. Die Gegensätze zwischen Bonapartisten, Monarchisten und Republikanern, zwischen Stadt und Land, Arm und Reich sowie Katholiken und Laizisten spalteten die Nation seit vielen Jahrzehnten. Daran hatten Reformversuche in der Endphase der Herrschaft Napoleons III. nichts geändert. Diese Gegensätze kennzeichneten auch die – nunmehr – Dritte Republik seit 1792. Allein die Tatsache, dass die Mehrheit der nach dem Waffenstillstand im Februar 1871 gewählten Abgeordneten für die Wiederherstellung der Monarchie eintrat, machte deutlich, dass die Republik anfänglich auf schwachen Füßen stand.

Verantwortlich dafür, dass sie sich am Ende eines von vielen inneren Krisen geprägten Jahrzehnts 1879 dann doch festigte, war die Uneinigkeit der Monarchisten untereinander: Legitimisten und Orléanisten konkurrierten mit Bonapartisten um die Krone. Die einen waren Anhänger des alten bourbonischen Hauses, das Frankreich bis zum Sturz Karls X. 1830 regiert hatte, die anderen des »Bürgerkönigs« Louis Philippe, der bis zur erneuten Revolution 1848 den Monarchen gestellt hatte. Die Bonapartisten wollten zunächst Napoleon III., dann, nach dessen Tod 1873, seinen Sohn auf den Thron setzen. Damit verknüpft waren unterschiedliche, letztlich unvereinbare Vorstellungen über die innere Ordnung Frankreichs.

Doch nicht nur die Monarchisten, auch die Republikaner waren untereinander gespalten: Gemäßigte, Linke und extrem Linke standen sich lange unversöhnlich gegenüber. Die Folge dieser Instabilität waren wiederholte innenpolitische Krisen, häufige Regierungswechsel und sogar Staatsstreichpläne wie 1878 von General Mac-Mahon, seit 1873 Staatspräsident und Anhänger der Monarchie, oder von Revanchisten wie General Boulanger 1889. Die weltweite Wirtschaftskrise, öffentliche Skandale und der Streit über das Verhältnis von Kirche und Staat oder die Bedeutung der Revolution von 1789 für das nationale Selbstverständnis heizten die internen Konflikte an. Dennoch sicherten 1875 die Republikaner, die sich auf wachsende Zustimmung in der Bevölkerung stützen konnten, die verfassungsmäßigen Grundlagen der Dritten Republik. Zugleich bahnten sie trotz heftiger interner Auseinan-

Um Georges Boulanger (1837–1891, stehend in der Mitte) gruppierten sich in den 1880er Jahren traditionelle Monarchisten, nationalistisch gesinnte Revanchisten und radikale Republikaner. Dem »General Revanche«, wie Zeitgenossen ihn nannten, gelang es, Massen zu mobilisieren. 1889 erhob die Regierung Anklage wegen Verschwörung. Der Verhaftung entzog er sich durch Flucht. Illustration von Clément Bellenger aus *L'Illustration*, Nr. 2360, 19. Mai 1888.

dersetzungen den Weg zu sozialen und wirtschaftlichen Reformen, der Trennung von Kirche und Staat sowie einer Modernisierung auf dem Lande. Das republikanische System stellte bald niemand mehr infrage.

Mythos 1870/71: Gespaltene Erinnerung

Im Deutschen Reich stärkte der Sieg über Frankreich endgültig die Stellung des Militärs in Staat und Gesellschaft. Die Folge dieses Sieges war einerseits eine zunehmende Militarisierung der Gesellschaft. Viele wollten nun ein Teil dieser siegreichen Armee sein. Der Wille vieler Bürgersöhne, als Leutnant der Reserve dazuzugehören, hat darin seinen Ursprung. Militärische Verhaltensmuster prägten zudem bald viele Bereiche des Alltags: vom »Antreten« in der Schule über die vielen öffentlichen Paraden bis hin zur besonderen Rolle der Uniform bei gesellschaftlichen Empfängen. Die Armee wurde durch die allgemeine Wehrpflicht zugleich sprichwörtlich zur »Schule der Nation«.

Andererseits leitete die militärische Führung aus den nunmehr drei Siegen innerhalb weniger Jahre den Anspruch auf Mitsprache in der Politik ab. Bismarck gelang es, die »Halbgötter im Generalstab«, wie er sie spöttisch nannte, aufgrund seiner großen Autorität weitgehend im Zaum zu halten; seine Nachfolger taten sich damit weitaus schwerer, den Forderungen der Generale nach Armeeverstärkungen oder sogar Präventivkriegen entgegenzutreten. Der Nimbus der Siege war nicht mehr aus der Welt zu schaffen.

Viele Franzosen hingegen empfanden das Verhalten ihrer Armee als tiefe Schmach. Zahlreiche Offiziere wurden wegen Feigheit vor Gericht gestellt, manche, wie General Bazaine, sogar wegen Hochverrats verurteilt. Die blutige Niederschlagung der Commune erschwerte zudem die Versöhnung zwischen der Armee, an deren Spitze noch viele bonapartistische Generale standen, und Teilen der Republikaner. Die Armee selbst versuchte, aus der Analyse des Geschehenen Lehren für die Zukunft zu ziehen. Nach Einführung der allgemeinen Wehrpflicht, die allerdings nicht konsequent durchgesetzt wurde, legte das Kadergesetz vom Juli 1873 die Grundlage für eine Armee, deren Stärke bei Ausbruch eines Krieges 2,4 Millionen Mann betragen sollte. Zugleich baute Frankreich nicht nur den Festungsgürtel um Paris neu aus, sondern auch seine Bastionen im Osten und Norden. Diese Maßnahmen gingen einher mit einer Modernisierung von Ausrüstung und Bewaffnung sowie neuen Doktrinen, allen voran der Stärkung des Offensivgedankens.

Der Sieg über den »Erzfeind« und die Gründung des lang ersehnten geeinten Nationalstaats legten schon früh die Grundlage dafür, dass der Krieg von 1870/71 im deutschen Reich zum Mythos wurde. Denkmäler erinnerten daher nicht nur an die Gefallenen, sondern verklärten mit

Kriegervereine bildeten in ihrer Gesamtheit die größte Massenorganisation des Kaiserreichs. Sie übertrugen das Prestige des Militärdienstes in die zivile Gesellschaft. Die Fotografie entstand am 1. Juni 1896 zur Feier des 25. Jahrestages der Reichsgründung auf dem Tempelhofer Feld in Berlin.

ihrer Ikonographie auch den Sieg auf den Schlachtfeldern, noch im kleinsten Dorf. Kriegervereine gedachten der gefallenen Kameraden, hielten zugleich aber die Erinnerung an den errungenen Sieg in der Gesellschaft wach. Unzählige Memoiren und veröffentlichte Kriegsbriefe gaben Rechenschaft von den eigenen Leistungen und Eindrücken von Generalen, Politikern und stolzen Bürgern, aber auch von manchem Arbeiter. Prachtvolle Gemälde vermittelten den Eindruck heroischer Schlachten und, nicht zuletzt, der lang ersehnten Proklamation des Kaiserreiches in Versailles. Sedanfeiern (seit 1872) und jährliche Paraden an der Berliner Siegessäule trugen ebenfalls dazu bei, den Sieg im kollektiven Gedächtnis als großes Ereignis zu verankern.

Dennoch erfasste die Verklärung des Geschehenen nicht die ganze Bevölkerung. Angesicht der Ausgrenzung von Katholiken und Sozial-

Die Siegessäule ist eine der wichtigsten Sehenswürdigkeiten Berlins. Erbaut zwischen 1864 und 1873 von Heinrich Strack in Erinnerung an die sogenannten Einigungskriege, stand sie ursprünglich auf dem Königsplatz, heute Platz der Republik. Im Zuge der von den NS-Machthabern begonnenen Umgestaltung Berlins zur »Welthauptstadt Germania« wurde die Siegessäule zusammen mit dem Bismarck-Denkmal und den Denkmälern für Roon und Moltke 1938/39 an den heutigen Standort versetzt.

demokraten als »Reichsfeinde« seit den Tagen der Reichsgründung waren für diese weder der Sieg bei Sedan noch die Kaiserproklamation Anlässe zum Feiern. Sie blieben solchen Veranstaltungen demonstrativ fern und machten damit deutlich, dass die Reichsgründer zwar auf dem Schlachtfeld einen Sieg errungen und formal das Reich gegründet, die innere Einheit aber nicht herbeigeführt hatten.

Auch in Frankreich waren Denkmäler die sichtbarsten Zeichen der Erinnerung an den Krieg. Deren Botschaften waren jedoch höchst unterschiedlich. »Kampfdenkmale« erinnerten an die »Mobilisierung des nationalen Idealismus angesichts der existenziellen Bedrohung des Landes«. Sie sollten die »kathartische Wirkung« der Kriegserfahrung für die Republik betonen. Diese Deutung teilten jedoch nicht alle Franzosen, wie das Niederreißen des Dijoner Denkmals durch bonapartistische Soldaten 1875 zeigte. Die weibliche »Résistance«-Figur mit Jakobiner-

Truppenparade zum Nationalfeiertag am 14. Juli 1901. 1880 fand er zum ersten Mal statt. Die Parade war ein Zeichen der Versöhnung zwischen Republik und Armee. Zunehmend diente sie auch der Demonstration der militärischen Stärke Frankreichs. Aus: *Le Petit Journal* vom 21. Juni 1901.

mütze auf dessen Spitze erinnerte viele konservative Bürger zu sehr an den verhassten Commune-Aufstand. Trauer und moralische Reflexion dominierten hingegen die konservative, katholische Erinnerung. Erst Ende der 1880er Jahre überformte eine gemeinsame Form der Kriegserinnerung, die das Vaterland in den Mittelpunkt stellte, das Gedenken an die Opfer.

Im Gegensatz zum Kaiserreich mussten die französischen Veteranen mit ihren Vereinen lange um ihre Anerkennung kämpfen. Die Hoffnung auf Verleihung einer Kriegsteilnehmermedaille erfüllte sich erst 1911. Ein Kennzeichen der Erinnerung war auch der wachsende Wille, niemals die verlorenen Provinzen zu vergessen. In der Schule war die Erinnerung daran ebenso präsent wie bei den seit 1880 üblichen Feiern am 14. Juli zum Andenken an die Revolution 1789. Demonstrativ trugen Pariser Bürger schwarz verhüllte Statuen bei den Paraden mit sich. Diese Paraden dienten jedoch nicht allein der Erinnerung an Elsass und Lothringen, sondern ebenso der Versöhnung von Republik und Armee. Nicht zuletzt waren sie eine Antwort auf die jährlichen Paraden der preußischen Armee am Sedantag an der Siegessäule in Berlin und in vielen anderen deutschen Städten. Auch Frankreich, so die Botschaft, war nach Jahren inneren Streits eine Nation in Waffen.

↗ Nach dem Ende des Ersten Weltkriegs unterzeichneten am 28. Juni 1919 Reichskolonialminister und Reichsverkehrsminister Johannes Bell (1. Reihe sitzend) sowie (über ihn gebeugt) Reichsaußenminister Hermann Müller im Spiegelsaal von Versailles den von den Entente-Mächten diktierten Friedensvertrag. Gemälde von William Orpen, um 1925.

8 Fazit

Der Deutsch-Französische Krieg scheint heute beinahe vergessen. Dabei veränderte er maßgeblich die Landkarte Europas. An die Stelle einer losen, schwachen Mitte, des Deutschen Bundes, trat ein in jeder Hinsicht starkes Deutsches Reich. Aufgrund seines Gewichts konnte es die Geschicke Europas fortan bestimmen – im Guten wie im Schlechten. Entscheidend war, ob die Verantwortlichen bereit waren, der unausgesprochenen Erwartung der anderen Mächte zu entsprechen, fortan den Frieden zu wahren, statt den Krieg im Interesse weiteren Machtgewinns zur Grundlage der eigenen Politik zu machen.

Bismarck war sich darüber im Klaren; seine Nachfolger jedoch fühlten sich aus unterschiedlichen Gründen nicht an diese Verpflichtung gebunden. Damit riskierten sie grob fahrlässig den Untergang des Reiches in seiner 1871 geschaffenen Form. 1918/19 nahmen dann Frankreich und seine Verbündeten im Schloss von Versailles symbolträchtig Rache für den deutschen Versuch, nach 1870 den Kontinent und schließlich die Welt zu beherrschen. Der Versuch des NS-Regimes, dieses Ergebnis im Zuge eines rasseideologisch motivierten Raub-, Expansions- und Vernichtungskrieges rückgängig zu machen, führte schließlich zur Katastrophe und zur Auflösung des Reiches 1945. Aus dem Rumpf entstanden zunächst zwei grundverschiedenen Staaten, die sich nach der friedlichen Revolution 1989/90 wieder zu einem Staat zusammenschlossen.

Auch die Wiedervereinigung haben viele Nachbarn anfänglich mit Misstrauen verfolgt. Das gilt insbesondere für Frankreich. Obwohl die bis in die Zeit Ludwigs XIV. zurückreichende Erbfeindschaft mit den Elysée-Verträgen 1963 und der damit begründeten deutsch-französischen Freundschaft eigentlich als überwunden galt, war die Sorge vor einem erneut starken, geeinten Deutschland keineswegs geschwunden. Mäßigung, Augenmaß und vor allem einträchtiges Handeln erscheinen angesichts der von ungeheurem Leid geprägten gemeinsamen Geschichte seitdem noch wichtiger als jemals zuvor.

Mit dem sogenannten Elysée-Vertrag legten Bundeskanzler Konrad Adenauer und der französische Staatspräsident Charles de Gaulle am 22. Januar 1963, gut 18 Jahre nach dem Ende des Zweiten Weltkriegs, den Grundstein für die deutsch-französische Freundschaft.

Anhang

Zeittafel

1853–56	Krimkrieg
1858	Wilhelm (I.) wird Prinzregent in Preußen.
1859	Krieg von Piemont-Sardinien und Frankreich gegen Österreich
	Gründung des Deutschen Nationalvereins als Organisation der Anhänger eines kleindeutschen Nationalstaats unter preußischer Führung
1861	Tod Friedrich Wilhelms IV.; Thronbesteigung Wilhelms I.
1862	Otto von Bismarck wird preußischer Ministerpräsident.
1864	Deutscher Krieg gegen Dänemark
1866	Deutscher Krieg, 3. Juli Schlacht bei Königgrätz
1867	Gründung des Norddeutschen Bundes

1870

13. Juli	»Emser Depesche«
19. Juli	Frankreich erklärt Preußen den Krieg.
4. August	Schlacht bei Weißenburg
6. August	Schlacht bei Wörth und Spichern
14. August	Schlacht bei Colombey-Nouilly
16. August	Schlacht bei Vionville/Mars-la-Tour
18. August	Schlacht bei Gravelotte / St. Privat
1./2. Sept.	Schlacht bei Sedan
Mitte Sept.	Beginn der Einschließung von Paris
Sept. 1870	Kämpfe im Norden, Südwesten und Südosten
28. September	Fall Straßburgs
27. Oktober	Fall der Festung Metz
November	Verhandlungen zwischen Norddeutschem Bund und süddeutschen Staaten über Zusammenschluss zum Deutschen Reich
18. Dezember	Eine Deputation des Reichstages bietet König Wilhelm I. die Kaiserkrone an.

1871

18. Januar	Kaiserproklamation durch die Fürsten des Reiches in Versailles. Wilhelm I. wird deutscher Kaiser.
19. Januar	Letzter Ausbruchversuch der Pariser Garnison scheitert.
28. Januar	Waffenstillstand zwischen deutschen Truppen und Pariser Garnison
26. Februar	Unterzeichnung des Vorfriedens von Versailles
1. März	Einmarsch deutscher Truppen in Paris
18. März – 28. Mai	Pariser Kommune
10. Mai	Unterzeichnung des Friedensvertrags zwischen Deutschland und Frankreich in Frankfurt a. M.; Abtretung Elsass-Lothringens

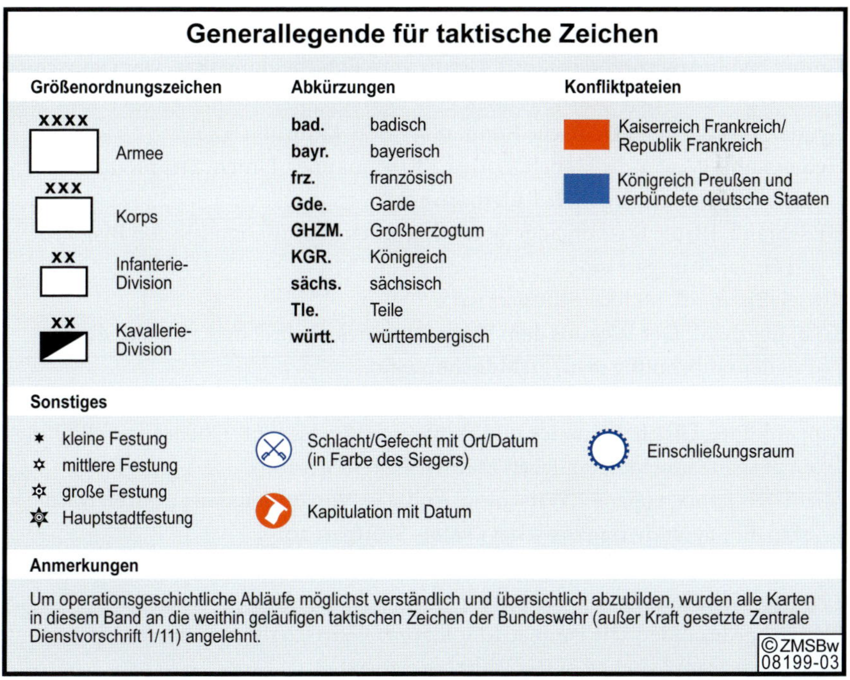

Literaturhinweise

Arand, Tobias: 1870/71. Die Geschichte des Deutsch-Französischen Krieges erzählt in Einzelschicksalen. Hamburg ^{2}2019.

Aschmann, Birgit: Preußens Ruhm und Deutschlands Ehre. Zum nationalen Ehrdiskurs im Vorfeld der preußisch-französischen Kriege. München 2013.

Auge, Oliver / Lappenküper, Ulrich / Morgenstern, Ulf (Hrsg.): Der Wiener Frieden 1864. Ein deutsches, europäisches und globales Ereignis. Paderborn 2016.

Becker, Frank: Bilder von Krieg und Nation. Die Einigungskriege in der bürgerlichen Öffentlichkeit Deutschlands 1864–1913. München 2001.

Bremm, Klaus-Jürgen: 70/71. Preußens Triumph über Frankreich und die Folgen. Darmstadt 2019.

Deuerlein, Ernst (Hrsg.): Die Gründung des Deutschen Reiches 1870/71 in Augenzeugenberichten. Düsseldorf 1971.

Fesser, Gerd: Sedan 1870. Ein unheilvoller Sieg. Paderborn 2019.

Fontane, Theodor: Der Krieg gegen Frankreich, 4 Bde. Berlin 1873–76 (ND: Zürich 1985).

Ganschow, Jan / Haselhorst, Olaf / Ohnezeit, Maik (Hrsg.): Der Deutsch-Französische Krieg 1870/71. Vorgeschichte, Verlauf, Folgen. Graz ^{2}2019.

Gosen, Julius von / Hirth, Georg: Tagebuch des Deutsch-Französischen Krieges 1870. Eine Sammlung der wichtigeren Quellen. 3 Bde. Berlin 1870–74.

Groote, Wolfgang von / Gersdorff, Ursula von: Entscheidung 1870. Der Deutsch-Französische Krieg. Stuttgart 1970.

Gruner, Wolf D.: Der Deutsche Bund. 1815–1866. München 2012.

Heinemann, Winfried / Höbelt, Lothar / Lappenküper, Ulrich: Der preußisch-österreichische Krieg 1866. Paderborn 2018.

Hildebrand, Klaus: Das vergangene Reich. Deutsche Außenpolitik von Bismarck bis Hitler. Stuttgart 1995.

Kessel, Eberhard: Moltke. Stuttgart 1957.

Kolb, Eberhard: Der Weg aus dem Krieg. Bismarcks Politik im Krieg und die Friedensanbahnung 1870/71. München 1990.

– Otto von Bismarck. Eine Biographie. München 2014.

Lappenküper, Ulrich: Bismarck und Frankreich 1815 bis 1898. Chancen zur Bildung einer »ganz unwiderstehlichen Macht«? Paderborn 2019.

Miard-Delacroix, Hélène / Wirsching, Andreas: Von Erbfeinden zu guten Nachbarn. Ein deutsch-französischer Dialog. Stuttgart 2019.

Nonn, Christoph: Das Deutsche Kaiserreich. Von der Gründung bis zum Untergang. München 2017.

Seyferth, Alexander: Die Heimatfront 1870/71. Wirtschaft und Gesellschaft im deutsch-französischen Krieg. Paderborn 2007.

Abbildungsnachweis

akg-images: 7, 13, 16, 23, 26, 27, 29, 34, 38, 54, 55 Universal Images Group, 56, 58/59, 62/63, 71, 73, 75, 79, 80, 87, 89 Bildarchiv Steffens, 90 De Agostini / Biblioteca Ambrosiana, 92 UIG / Godong, 93, 95 De Agostini / Biblioteca Ambrosiana, 102 Deutsches Rotes Kreuz, 104, 108/109 Erich Lessing, 110, 117, 119, 127, 128/129, 134, 137, 139, 145 De Agostini / Biblioteca Ambrosiana, 148 Günter Schneider, 149, 151

Bayrisches Armeemuseum Ingolstadt: 130/131

Bpk Bildagentur: 3 Lutz Braun, 9, 10, 31 Nationalgalerie, SMB / Jörg P. Anders, 33 Rud. Rogorsch, 42 Hamburger Kunsthalle / Elke Walford, 77 Deutsches Historisches Museum / Arne Psille, 97, 142/143 Coll. ES / adoc-photos

Deutsches Historisches Museum: 15, 61 I. Desnica, 84/85 A. Psille, 112/113, 140 S. Ahlers

Otto-von-Bismarck-Stiftung, Friedrichsruh: 121

picture alliance: 53

Süddeutsche Zeitung Photo: 22

ullstein bild: 147, 152

ZMSBw: 100

Personenregister